NOUVEAUX CLASSIQUES LAROUSSE

Collection fondée en 1933 par
FÉLIX GUIRAND

continuée par
LÉON LEJEALLE (1949 à 1968) et JEAN-POL CAPUT (1969 à 1972)
Agrégés des Lettres

CONTES ET NOUVELLES DE MAUPASSANT

I

Librairie Larousse (Canada) limitée, propriétaire pour le Canada des droits d'auteur et des marques de commerce Larousse. — Distributeur exclusif au Canada : les Éditions Françaises Inc., licencié quant aux droits d'auteur et usager inscrit des marques pour le Canada.

« Qu'est-ce donc que cette joie du premier soleil ? [...] Le ciel est tout bleu,
la campagne toute verte, les maisons toutes blanches. »
(Page 43, lignes 1-4.)

Tableau de Claude Monet. Rouen, musée des Beaux-Arts.

MAUPASSANT

CONTES
ET NOUVELLES

I

avec une Notice biographique, une Notice historique et littéraire,
des Notes explicatives, un Argument, une Documentation thématique,
des Jugements, un Questionnaire et des Sujets de devoirs,
par
MARIE-CLAUDE HARDER-SIMILLION
Agrégée de l'Université

LIBRAIRIE LAROUSSE
17, rue du Montparnasse, et boulevard Raspail, 114
Succursale : 58, rue des Écoles (Sorbonne)

RÉSUMÉ CHRONOLOGIQUE
DE LA VIE DE GUY DE MAUPASSANT
1850-1893

5 août 1850 — **Naissance de Guy de Maupassant** au château de Miro-mesnil, près de Dieppe.

1856 — Naissance de son frère Hervé. Peu après, séparation des parents ; Mme de Maupassant se retire aux Verguies, à Étretat, avec ses deux enfants.

1863 — Après une enfance libre et vagabonde, Guy entre au **petit séminaire d'Yvetot.**

1868 — Rhétorique au collège impérial de Rouen. Il a pour correspondant le poète Louis Bouilhet, intime de Flaubert.

1870 — **Guerre franco-allemande.** Maupassant part avec la classe 1870, puis il est versé dans l'intendance, à Rouen ; il reste sous l'uniforme jusqu'en septembre 1871.

1872 — **Il entre au ministère de la Marine.** Dès cette époque, il s'exerce à des travaux littéraires, surtout poétiques, sous la férule de Flaubert. Il passe ses loisirs en exercices violents et en canotage sur la Seine.

1875 — Un premier conte, **la Main d'écorché,** paraît dans l'*Almanach de Pont-à-Mousson,* puis, çà et là, quelques pièces de vers sont publiées. Maupassant connaît chez Flaubert Tourgueniev, Zola, Daudet, E. de Goncourt ; il est présenté à la princesse Mathilde. Chez Catulle Mendès, il rencontre Mallarmé, Villiers de L'Isle-Adam ; chez Zola se réunit un groupe de jeunes qui formera le groupe de Médan.

1877 — Maupassant souffre de **troubles de santé.** Cure aux eaux de La Louèche.

1879 — Ballande monte à Déjazet un acte de Maupassant, *Histoire du vieux temps.* Grâce à Flaubert, Maupassant est détaché au ministère de l'Instruction publique.

1880 — Le 16 avril, **Boule-de-Suif** paraît dans *les Soirées de Médan* ; le 25 avril, *Des vers* paraissent en volume ; 8 mai, mort de Flaubert. Maupassant devient un auteur à succès et quitte l'Administration. Au cours de l'été, voyage en Corse.

1881 — En mai paraît en volume **la Maison Tellier,** recueil de contes. Au cours de l'été, voyage en Algérie.

1882 — En mai, **Mademoiselle Fifi,** recueil de contes ; au cours de l'été, voyage à pied en Bretagne.

1883 — En avril, **Une vie,** roman ; en juin, *Contes de la bécasse.*

1884 — En janvier, *Au soleil,* récit de voyages ; en avril, *Clair de lune, Miss Harriet* et, en juillet, *les Sœurs Rondoli,* trois recueils de contes ; Maupassant publie également, en préface aux lettres de Flaubert à George Sand, une étude sur Flaubert. Les troubles nerveux commencent à se manifester.

1885 — *Yvette, Contes du jour et de la nuit, Toine,* trois recueils de contes, et, en mai, **Bel-Ami,** roman. Au printemps, voyage en Italie et en Sicile ; au cours de l'été, cure à Châtelguyon.

1886 — *Monsieur Parent, la Petite Roque,* deux recueils de contes ; en été, court voyage en Angleterre.

1887 — En janvier, *Mont-Oriol,* roman ; en mai, **le Horla,** recueil de contes.

© *Librairie Larousse,* 1973.   ISBN 2-03-034614-4

1888 — En janvier, ***Pierre et Jean,*** roman, précédé d'une *Étude sur le roman,* en préface ; *Sur l'eau,* journal de voyage (une édition très remaniée paraîtra en 1889) ; *le Rosier de Mme Husson,* recueil de contes ; au cours de l'hiver 1888-1889, voyage en Tunisie.

1889 — En mars, *la Main gauche,* recueil de contes ; en mai, *Fort comme la mort,* roman. Hervé de Maupassant est interné à l'asile de Bron. Deuxième voyage en Italie sur le yacht *Bel-Ami.*

1890 — En mars, *la Vie errante,* récit de voyages ; en avril, *l'Inutile Beauté,* recueil de contes ; en juin, *Notre cœur,* roman.

1891 — Cure à Divonne. L'état de santé de Maupassant devient très inquiétant.

1892 — Le 1er janvier, tentative de suicide à Cannes. Le 6, Maupassant est **interné à Passy,** à la clinique du docteur Blanche ; il n'en sortira plus.

1893 — **Mort de Guy de Maupassant** (6 juillet).

Maupassant avait vingt-neuf ans de moins que Flaubert, vingt-huit ans de moins qu'Edmond de Goncourt, dix ans de moins qu'Alphonse Daudet et que Zola, huit ans de moins que Mallarmé, six ans de moins que Verlaine et qu'Anatole France, deux ans de moins que J.-K. Huysmans et que Mirbeau, le même âge que Pierre Loti, deux ans de plus que Paul Bourget, quatre ans de plus que Rimbaud, douze ans de plus que Maurice Barrès, dix-neuf ans de plus que Gide, vingt et un ans de plus que Marcel Proust.

MAUPASSANT ET SON TEMPS

	la vie et l'œuvre de Maupassant	le mouvement intellectuel et artistique	les événements historiques
1850	Naissance à Miromesnil de Guy de Maupassant (5 août).	Mort de Balzac.	Politique réactionnaire de l'Assemblée législative et du président Louis Napoléon. Loi Falloux. Loi sur la presse, loi électorale.
1863	Entrée au petit séminaire d'Yvetot.	E. Fromentin : Dominique. E. Renan : Vie de Jésus.	Progrès de l'opposition aux élections législatives. Protectorat français sur le Cambodge. Guerre du Mexique.
1868	Rhétorique au collège de Rouen.	E. et J. de Goncourt : Madame Gervaisais. A. Daudet : le Petit Chose.	Concessions libérales de Napoléon III : lois sur la presse.
1870-1871	Mobilisé, puis versé dans l'intendance.	P. Verlaine : la Bonne Chanson. H. Taine : De l'intelligence.	Guerre franco-allemande. Commune de Paris.
1875	Débuts littéraires ; influence de Flaubert.	E. Zola : la Faute de l'abbé Mouret. Fustel de Coulanges : Histoire des institutions politiques de l'ancienne France.	Lois constitutionnelles sur les pouvoirs publics. Menace de guerre franco-allemande.
1880	Boule-de-Suif paraît dans les Soirées de Médan. Des vers.	Mort de G. Flaubert. Premiers « mardis » chez S. Mallarmé. Dostoïevski : les Frères Karamazov. Invention de la lampe à incandescence par Edison.	Le 14 juillet devient fête nationale. Loi d'amnistie : retour des anciens communards. Décrets sur l'expulsion des Jésuites.
1881	La Maison Tellier (contes). Voyage en Algérie.	A. France : le Crime de Sylvestre Bonnard. P. Verlaine : Sagesse. H. Ibsen : les Revenants. A. Renoir : le Déjeuner des canotiers.	Loi sur la liberté de la presse. Élections législatives : ministère Gambetta. Protectorat sur la Tunisie.
1882	Mademoiselle Fifi (contes). Voyage en Bretagne.	Koch découvre le bacille de la tuberculose. Débuts des cours de Charcot à la Salpêtrière. Pasteur découvre la vaccination anticharbonneuse.	Loi organisant l'enseignement primaire. Mort de Gambetta. Krach de l'Union générale. Constitution de la Triple-Alliance.
1883	Une vie (roman). Contes de la bécasse.	E. Renan : Souvenirs d'enfance et de jeunesse. Mort de Tourgueniev, de R. Wagner, d'E. Manet.	Ministère J. Ferry : guerre du Tonkin.

1884	Au soleil (récit de voyages). Trois recueils de contes : Clair de lune, Miss Harriet, les Sœurs Rondoli.	A. Daudet : Sapho. J.-K. Huysmans : A rebours, H. Ibsen : le Canard sauvage. Massenet : Manon. C. Franck : Variations symphoniques.	Loi sur les syndicats ouvriers. Guerre de Madagascar. Conférence internationale de Berlin : création de l'État indépendant du Congo. Premier ballon dirigeable du capitaine Renard.
1885	Trois recueils de contes : Yvette, Contes du jour et de la nuit, Toine. Bel-Ami (roman).	E. Zola : Germinal. J. Laforgue : Complaintes. Mort de V. Hugo. Pasteur découvre la vaccination antirabique.	Chute de J. Ferry après l'évacuation de Lang Son. Élections générales : recul des républicains.
1886	Deux recueils de contes : Monsieur Parent, la Petite Roque. Court voyage en Angleterre.	P. Loti : Pêcheur d'Islande. A. Rimbaud : les Illuminations. G. Fauré : Requiem.	Début de l'agitation boulangiste. Grève des mineurs de Decazeville.
1887	Mont-Oriol (roman). Le Horla (contes).	S. Mallarmé : Poésies. Fondation du Théâtre libre d'A. Antoine. G. Strindberg : le Père. Mort de Borodine.	Élection de Sadi Carnot à la présidence de la République, après la démission de J. Grévy. Affaire Schnæbelé.
1888	Pierre et Jean (roman). Sur l'eau (journal de voyage). Le Rosier de Mme Husson (contes). Voyage en Tunisie.	M. Barrès : Sous l'œil des Barbares. G. Hauptmann : l'Honneur des Sudermann. Fondation de l'Institut Pasteur.	Développement du mouvement boulangiste. Avènement de Guillaume II.
1889	La Main gauche (contes). Fort comme la mort (roman). Deuxième voyage en Italie.	P. Bourget : le Disciple. M. Maeterlinck : la Princesse Maleine. G. D'Annunzio : le Plaisir. H. Bergson : Essai sur les données immédiates de la conscience.	Fin de l'agitation boulangiste ; élections favorables aux républicains. Exposition universelle de Paris (tour Eiffel).
1890	La Vie errante (récit de voyages). L'Inutile Beauté (contes). Notre cœur (roman).	Fondation du Théâtre d'art par P. Fort. E. Renan : l'Avenir de la science. W. James : Principes de psychologie. Mort de Van Gogh, de C. Franck.	Première manifestation du 1er mai.
1891	Cure à Divonne. Graves symptômes de déséquilibre nerveux.	E. Zola : l'Argent. A. Gide : les Cahiers d'André Walter. M. Barrès : le Jardin de Bérénice. Travaux d'Helmholtz sur les électrons.	Fusillade de Fourmies.
1892	Tentative de suicide. Internement à la clinique du docteur Blanche.	P. Loti : Fantôme d'Orient. A. France : l'Étui de nacre. P. Claudel : la Jeune Fille Violaine (première rédaction).	Grève des ouvriers mineurs de Carmaux. Scandale de Panama. Premiers attentats anarchistes.
1893	Mort de Guy de Maupassant (6 juillet).	S. Mallarmé : Vers et prose. G. Courteline : Boubouroche.	Élections générales : progrès des socialistes. Alliance franco-russe.

BIBLIOGRAPHIE SOMMAIRE

PRINCIPALES ÉDITIONS DE L'ŒUVRE DE MAUPASSANT

Édition Ollendorff (29 volumes [1899-1904]), complétée en 1912 par un trentième volume, *Misti*, et reprise par les Éditions Albin Michel.

Édition Conard (29 volumes [1907-1910]), précédée d'une étude de Pol Neveux.

Édition de la Librairie de France (15 volumes [1934-1938]), sous la direction de René Dumesnil. Le tome XV, *Chroniques, Études, Correspondance de Guy de Maupassant* recueillies, préfacées et annotées par René Dumesnil avec la collaboration de Jean Loize, a paru chez Gründ (1938).

Édition Albin Michel, établie par Albert-Marie Schmidt avec la collaboration de Gérard Délaisement : 2 volumes pour les *Contes et Nouvelles*, classés par ordre thématique ; 1 volume pour les *Romans* (1957-1959).

Édition de M. C. Bancquart : *Boule-de-Suif et autres contes normands* (Paris, Classiques Garnier, 1971).

Pour la correspondance : correspondance inédite publiée par Artine Artinian et Édouard Maynial (Paris, Wapler, 1951).

OUVRAGES BIOGRAPHIQUES ET CRITIQUES SUR MAUPASSANT

Ferdinand Brunetière	*les Nouvelles de M. de Maupassant* (*Revue des Deux Mondes*, septembre-octobre 1888, pages 693-704).
Édouard Maynial	*la Vie et l'œuvre de Guy de Maupassant* (Paris, Mercure de France, 1906).
Jean Thoraval	*l'Art de Maupassant d'après ses variantes* (thèse, Paris, 1950).
Pierre-Georges Castex	*le Conte fantastique en France de Nodier à Maupassant* (Paris, Corti, 1951).
André Vial	*Guy de Maupassant et l'art du roman* (Paris, Nizet, 1954).
Gérard Délaisement	*Maupassant journaliste et chroniqueur* (Paris, Albin Michel, 1956).
Albert-Marie Schmidt	*Maupassant par lui-même* (Paris, Éd. du Seuil, 1962).
Armand Lanoux	*Maupassant, le bel ami* (Paris, Fayard, 1967).
Europe	« Guy de Maupassant » (revue mensuelle, numéro spécial, juin 1969).

CONTES ET NOUVELLES
DE MAUPASSANT

NOTICE

LES INFLUENCES

Les milieux.

De ses origines normandes, Maupassant a hérité quelques traits, sans doute
essentiels, de son tempérament : le sens du réel, subtilement allié aux ten-
tations de la rêverie, le goût de la farce, compensé par une aptitude profonde à la mélancolie, le goût de l'argent et un nostalgique besoin d'éva-
sion, qu'il cultive par des voyages nombreux en Méditerranée à bord de
son yacht le *Bel-Ami*. Au cours des vingt premières années de sa jeunesse,
qu'il vécut à Étretat, sa sensibilité s'imprègne des sensations et des formes
dont il construira les paysages de ses récits, et il recueille les éléments vrais
d'une description saisissante du monde paysan qui l'entoure. C'est par
l'expérience directe ou intuitive, par une pénétration presque involontaire
des êtres et des choses de son pays que se constitue peu à peu, et en profondeur, le thème normand qui inspire de nombreux contes.

Au retour de la guerre de 1870, Maupassant renonce à poursuivre ses
études et obtient un poste au ministère de la Marine. Il démissionnera
en 1879 pour entrer au cabinet du ministre de l'Instruction publique. Le
monde des employés de bureau auquel le lient ses fonctions, celui des
écrivains auprès duquel Flaubert l'introduit, celui de la haute société que
ses succès littéraires lui révèlent enrichissent son expérience : Paris lui offre
de nouvelles sources d'inspiration. La vie de bureau le contraint par la
réclusion à laquelle elle le condamne et par la médiocrité des tâches qu'elle
lui impose. Mais elle lui révèle aussi une classe citadine, inconnue de lui
jusqu'alors, la petite et moyenne bourgeoisie. Avec une lucidité que
l'humour aiguise, Maupassant scrute les ridicules étriqués et les pauvres
ambitions de ces êtres bornés par leur condition subalterne, à qui la vie
ne propose aucun espoir. Là encore, par la vision quotidienne d'un monde
qui lui paraît rance et mesquin, et par la fréquentation forcée des commis,
s'élabore le matériau où il trouvera le sujet de récits nombreux. Cependant, pour bien comprendre le sens de son observation apparemment sans
indulgence, il faut se souvenir de cette méditation que provoque, lors d'une
escale à Saint-Raphaël, la vision de deux vieux commis aperçus sur le
quai : « De tous les misérables [...] ceux-là sont le plus à plaindre [...] ils

restent liés, bâillonnés dans leur misère, leur misère honteuse de plumitifs ! »
(*Sur l'eau*). Ce qui frappe dans la vie obscure de ces petites gens, c'est,
selon le mot de A.-M. Schmidt, un « constant guignon ». En effet, qu'il s'agisse
de la gracieuse Mme Loisel (*la Parure*) ou de H. de Gribelin (*A cheval*),
les héros de Maupassant sont accablés par l'adversité. Une fatalité tragique
les mure dans leur existence misérable et les punit lorsqu'ils tentent de s'en
évader.

À Paris, Maupassant fait aussi la connaissance des écrivains de son
époque. En 1877, le succès du roman de Zola *l'Assommoir* le désigne auprès
de la presse littéraire comme le maître de l'école naturaliste naissante.
De jeunes écrivains se réunissent chez lui, dans son appartement de la
rue Saint-Georges d'abord, puis dans sa propriété de Médan, devenue un
rendez-vous littéraire. Maupassant y retrouve Paul Alexis, Henry Céard,
Léon Hennique et Joris-Karl Huysmans[1]. Ainsi se forme le groupe de Médan.
Lors d'une conversation au cours de laquelle on évoque la guerre de 1870,
l'idée est lancée de publier un volume de nouvelles sur ce sujet. Dans un
article du *Gaulois* du 17 avril 1830, Maupassant annonce la parution des
Soirées de Médan. La nouvelle qu'il a écrite pour le recueil *Boule-de-Suif*
lui vaut un succès immédiat auprès de ses amis, enthousiasmés, et du public.
Une telle réussite n'est pas le fait du simple bonheur. Maupassant avait
patiemment appris auprès de son maître Flaubert, comme nous le verrons
plus loin, mais aussi dans le cercle des familiers de Zola à approfondir ses
vues et à mesurer l'originalité propre de son tempérament.

La gloire littéraire, qui ne cessera de se confirmer, lui ouvre les salons
de la haute société parisienne. Objet de sa curiosité et de son ambition,
mais aussi d'un profond désenchantement, souvent proche du mépris, cette
société le lasse vite par ses vaines subtilités, sa frivolité et son égoïsme
(*Madame Hermet*). Maupassant se plie de mauvais cœur aux comédies du
monde, pour lesquelles il se sent d'ailleurs fort maladroit. Aussi se réfu-
gie-t-il très souvent dans sa villa de la Guillette à Étretat ou sur son yacht.
Il goûte alors, avec un plaisir souvent mêlé de désespoir et de souffrances
— car la maladie s'est déclarée dès 1876 par de fortes et douloureuses
migraines —, le silence hautain ou pitoyable de la solitude, tel qu'on peut
le déchiffrer à travers les pages confidentielles de son journal de bord
Sur l'eau. C'est probablement le spectacle d'une société factice qui accentue
chez lui la veine pessimiste, proche du nihilisme flaubertien, dont son œuvre
sera plus ou moins visiblement façonnée. Les milieux que Maupassant a
connus — notons l'absence de celui, cher aux naturalistes, des ouvriers —
ont donc fourni à l'artiste une précieuse et vivante documentation. C'est

1. *Paul Alexis* (1847-1901) : romancier ; il a écrit une étude sur E. Zola,
E. Zola, notes d'un ami (1882). *Henry Céard* (1851-1924) : auteur de deux
romans et surtout critique littéraire, membre de l'Académie des Goncourt (1918). *Léon Hennique* (1851-1935) : auteur d'une dizaine de romans
et nouvelles ; il fut un des premiers membres de l'Académie des Goncourt.
Joris-Karl Huysmans (1848-1907). D'abord écrivain naturaliste, il devint
ensuite oblat chez les Bénédictins (1892) et composa des romans d'édifica-
tion : *En route* (1895), *la Cathédrale* (1898) ; il fut membre de l'Académie
des Goncourt.

Flaubert qui lui apprit à en sculpter la matière selon les exigences de l'art.

Flaubert.

Maupassant a lui-même reconnu à maintes reprises sa dette envers Flaubert, qui avait été lié d'amitié avec sa mère, Laure de Maupassant, et son oncle maternel Alfred Le Poittevin. Mais si elle a été sévère et d'une sollicitude souvent critique, la tutelle de Flaubert, qui considère le fils de son amie comme son disciple, n'a sans doute jamais revêtu les aspects d'une tyrannie intellectuelle intolérable à son apprenti. Le zèle de Maupassant à soumettre ses essais au maître et sa confiance en ses jugements suffisent à le prouver. La méthode de Flaubert n'est pas d'imposer de l'extérieur ses principes à Maupassant, mais de l'aider à discerner en lui-même et à développer ses possibilités plutôt par les progrès d'une véritable initiation, fût-elle lente et difficile, que par les fallacieuses et éphémères réussites d'une servile imitation. Flaubert s'applique ainsi à éduquer le regard de son élève, à lui faire découvrir, à force d'une minutieuse et pénétrante observation, les aspects inexplorés des choses familières, car « la moindre chose contient une part d'inconnu » (préface de *Pierre et Jean*). Il lui inculque par des exercices incessants le goût d'une langue claire et sobre, mais capable d'épouser par sa construction, par le jeu des sonorités et des rythmes, les secrètes nuances du réel. En lui donnant les moyens de son art, il transmettait inévitablement à son disciple une manière de penser. C'est l'époque où, dans sa retraite de Croisset, il s'est définitivement convaincu de « l'éternelle misère de tout ». La vision de Maupassant sera pour toujours empreinte de l'inquiétude désenchantée où s'alimentent l'ironie et la lucidité flaubertiennes.

La guerre et la maladie.

Il faut encore noter le rôle déterminant de deux événements dont les résonances traversent les contes et nouvelles, la guerre et la maladie. La guerre qu'il fait à vingt ans laissera à Maupassant des souvenirs ineffaçables de pillage, de meurtres, d'humiliations et de lâcheté. « Parti pour le don de soi et la gloire, il a rencontré l'horreur, la trahison, la nausée, l'absurde » (A. Lanoux). Et il en restera secrètement blessé : « Quand je songe à ce mot, la guerre, il me vient un effarement comme si on me parlait de sorcellerie, d'inquisition, d'une chose lointaine, finie, abominable, monstrueuse, contre nature » (*Sur l'eau*). Les contes que la guerre a inspirés expriment la haine de l'occupant à travers l'héroïsme des humbles (*le Père Milon, Deux Amis, la Mère Sauvage*) ou des réprouvés, mais ils laissent aussi affleurer la profonde pitié pour ceux qui sont la « chair à canon ». La conclusion de *la Mère Sauvage* est, à cet égard, significative. Lorsqu'il est démobilisé en 1871, Maupassant est atteint d'une maladie incurable. « Il a la guerre », selon le mot de A. Lanoux.

Mais ce mal ira s'atténuant, tandis qu'un autre mal ne cessera de croître et lui infligera d'atroces souffrances qui le condamneront en définitive à la folie. Très tôt, Maupassant sent se développer en lui les symptômes de sa future déchéance. Il vivra la lente montée de sa maladie comme une expérience : celle de la peur, thème latent ou obsédant qui s'exprime dans ses récits sous diverses formes.

L'UNIVERS DE MAUPASSANT

Le pessimisme fondamental.

Assurément, Maupassant a fondé tout son art sur une minutieuse observation des êtres et des choses, mais, sans aucun doute aussi, a-t-il vu dans la peinture fidèle qu'il donne de la vie une manière d'exprimer sa « vision personnelle du monde qu'il cherche à nous communiquer en la reproduisant [...] » (préface de *Pierre et Jean*). Cette « vision personnelle du monde », André Vial l'a savamment analysée. Elle s'est formée à partir des sentences du philosophe allemand Schopenhauer et de la conception flaubertienne de l'univers, autant qu'à partir de l'expérience de la vie et de la maladie. Du philosophe allemand le « plus grand saccageur de rêves qui ait passé sur la terre », Maupassant a retenu, parce qu'il cristallisait une intuition déjà poignante, le sentiment pathétique de l'éternel écoulement des choses, de l'inlassable décomposition du temps. L'angoisse « de ce qui passe, de ce qui fuit, de ce qui trompe, de ce qui disparaît que nous n'avons pas atteint, de ce que nous n'atteindrons jamais » (*Sur l'eau*) s'est inscrite en filigrane tout au long de son œuvre (*Première Neige, Mademoiselle Perle, la Parure*) et traduit l'échec irréparable de l'existence (*Garçon, un bock !*), la souffrance ensevelie de frustrations et de déceptions accumulées au cours de toute une vie (*Alexandre*). Ce sentiment du temps qui fuit, opérant son œuvre de destruction, d'une durée où le présent vacille sous le flux et le reflux du désir et du regret, échappant finalement à la conscience, s'exprime encore dans l'œuvre de l'écrivain par la hantise du vieillissement et l'obsession de la mort, qui se conjuguent en une intuition lancinante du néant (*la Nuit, Sur l'eau, Première Neige, l'Aveugle*).

Son pessimisme se nourrit également du sentiment angoissé de la solitude ; Maupassant l'éprouve en particulier dans la certitude que jamais deux êtres puissent s'atteindre. Dans son œuvre, le bonheur de l'amour — sans cesse rêvé, toujours perdu, effleuré, « coudoyé » — n'est jamais accompli (*Petit Soldat, Mademoiselle Perle*). L'univers de Maupassant est donc malheureux. L'écrivain peint dans son œuvre le monde tel qu'il le voit, infirme, limité, absurde. Dominé par l'instinct qui l'abrutit (*le Baptême*), avili par la vieillesse (*Une famille*), enfermé dans sa solitude (*Première Neige, Garçon, un bock !*), vaincu par la souffrance ou la misère (*le Gueux, l'Aveugle, Aux champs*), écrasé sous le fléau d'une guerre où il n'est qu'un instrument (*le Père Milon, la Mère Sauvage, Deux Amis*), médiocre (*le Père Mongilet, Voyage de santé*), égoïste (*l'Ami Joseph, Madame Hermet*), avare (*le Vieux, le Diable*) ou vaniteux (*A cheval*), le héros de Maupassant est un être battu, écrasé par la fatalité. Cette désespérance procède d'une méditation profonde et neuve sur le spectacle de la vie, au-delà duquel Maupassant pressentait le drame de l'homme muré dans l'existence : les personnages évoluent dans un univers vide, privé de sens. La beauté même ne révèle rien ; elle n'est qu'un faisceau d'harmonies silencieuses. A cet égard, le pessimisme de Maupassant a des accents modernes qui assurent la permanence de son œuvre à notre époque.

La sensualité.

Ce pessimisme est celui d'un grand sensuel : « Mon corps de bête se grise de toutes les ivresses de la vie » (*Sur l'eau*). Quand il séjourne à Étretat, Maupassant s'enivre des joies physiques qui furent celles de son enfance ; sur les bords de la Seine, il se livre avec emportement à l'exercice de canotage ; il chasse avec fureur lorsque l'occasion lui en est donnée.

Ce qu'il cherche dans ces évasions — ces retours — près de la nature, c'est la griserie des sensations reçues. Partout, il goûte la beauté comme un charme sensuel ; tout son être s'ouvre et vibre au spectacle de la nature, qu'il chante en termes mélodieux dans son œuvre. Des cinq sens, la vue, chez Maupassant, est sans doute le plus exercé. Son regard capte toutes les nuances de la lumière changeante avec les saisons (*le Diable, le Vieux, l'Aveugle*), distingue les transparences cristallines d'une nuit hivernale (*Un réveillon*) des profondeurs ondoyantes d'une nuit d'été (*la Nuit*) ; il saisit encore tous les degrés de la lumière, flamboyante sur la rivière « lamée de feu » (*Sur l'eau*), irisée dans une « buée d'or » (*A cheval*), fugace et vibrante sur une surface métallique (*Petit Soldat*). La lumière se joue toujours sur les paysages de Maupassant, comme sur une toile de Monet, en de multiples modulations. *Un réveillon* offre au lecteur tous les effets possibles de la lumière saisie dans son mouvement et dans ses plus fugitives nuances. Sous la lumière, la couleur se met à vivre : l'art de Maupassant, comme l'art impressionniste, se sert plus des couleurs que des lignes pour peindre un paysage. Ainsi, sur le golfe de l'Estérel, « le peuple blanc des villas » tache « de points de neige la verdure sombre » (*Première Neige*). Dans *Deux Amis*, la lumière rouge d'un soir d'automne noie dans un flux de sang et d'or le paysage entier, qui n'est plus que reflets. Dans *la Peur* encore, les fluctuations de l'eau et de la lumière se confondent en un seul frémissement. Comme l'a noté A. Lanoux, l'eau envahit tous les arts dans la seconde moitié du XIXᵉ siècle ; et, chez Maupassant, la passion de l'eau s'avoue de façon si constante qu'on pourrait, en reprenant les analyses de Gaston Bachelard, y reconnaître un des thèmes fondamentaux de l'œuvre. Élément privilégié à ses yeux, l'eau recèle toutes les voluptés : elle offre au regard toute la gamme des couleurs mobiles ou profondes, investit l'être entier de sa caresse légère ou de son étreinte mortelle, envoûte la raison sous le charme des visions qu'elle engendre.

L'eau, c'est tout à la fois le temps qui fuit — les rivières « qui passent, qui fuient, qui s'en vont » —, l'infini inaccessible — la mer « impossible à posséder » — et, dans le marais où palpitent des germes de vie, le « mystère même de la création ». Elle exerce sur Maupassant toutes les fascinations,

notamment celle de la mort (*Petit Soldat, la Nuit*), celle d'un monde illimité (*Sur l'eau*). « Silencieuse et perfide », la rivière figure un monde secret
— un monde « de profondeurs noires », monde de l'inconscient où tour-
noient les vertiges d'une raison apeurée ; la mer, au contraire, « remuante »
et « loyale », exalte l'illusion d'une prise sur le monde. L'eau n'est pas seulement le thème de descriptions ou de récits ; elle est fréquemment l'élément
auquel Maupassant emprunte le registre de ses métaphores et de ses compa-
raisons (*l'Aveugle, la Nuit, l'Auberge, Madame Hermet*).

La démence.

Dans *Madame Hermet*, Maupassant déclare : « Les fous m'attirent [...]. Eux
seuls peuvent être heureux sur la terre, car, pour eux, la réalité n'existe
plus. » La réalité pour Maupassant est ce qui borne notre esprit et entrave
notre connaissance, vouant à l'impuissance l'artiste, incapable d' « ouvrir
des portes mystérieuses sur des horizons inattendus et merveilleux » (*Sur
l'eau*). Or, ces « portes mystérieuses » s'ouvrent justement dans l'esprit du
fou ; elles s'entrouvaient aussi, aux temps de superstitions, dans l'esprit
de l'homme empli de croyances et de terreurs qui rendaient la terre
poétique. Maupassant n'a pas partagé les certitudes positivistes : en reculant
les limites du merveilleux, l'homme, selon lui, s'enferme dans la réalité.
Or, l'inconnu frôle l'homme jusque dans sa vie ordinaire : il est dans le
désert glacé de la haute montagne (*l'Auberge*), il affleure dans les jeux de
lune et de brouillard sur une rivière (*Sur l'eau*), il se profile derrière la taci-
turnité d'un adolescent (*l'Orphelin*), il surgit avec la tête d'un chien dans
l'encadrement d'une fenêtre ou galope avec les grains de sable sous le
vent des dunes (*la Peur*), il s'inscrit, enfin, dans l'immobilité pesante d'une
nuit parisienne (*la Nuit*) et trouble le silence des demeures solitaires (*Lui ?,
Qui sait ?, Apparition*). On le voit, l'irréel n'envahit jamais totalement le
conte de Maupassant ; il se faufile dans le réel. Sur cette ambiguïté — l'irréel
est derrière la vie apparente — repose toute la signification du conte fantastique ; Maupassant l'a parfois signalée explicitement dans le point d'in-
terrogation dont il orne son titre, dans le raisonnement de ses héros — où
la raison se brise, disloquée par ses propres conclusions (*Lui ?, Qui sait ?*) —,
dans les silences, même, du récit (*l'Orphelin*). Il en ménage tous les effets
par un art rigoureux de la composition. Mais, pour la faire appréhender
par le lecteur, pour la rendre tangible, vraisemblable en quelque sorte,
il s'attache à cerner dans son récit « cette poignante sensation de la peur
qui passe comme un souffle inconnu parti d'un autre monde », dont il avait
mesuré l'efficacité artistique et le pouvoir suggestif en écoutant chez Flaubert le conteur russe Tourgueniev[2]. Nerval, Hoffmann et surtout Edgar Poe[3]
lui avaient également donné l'exemple d'un fantastique construit sur l'art
« de troubler avec des faits naturels où reste pourtant quelque chose d'inex-
pliqué ». La peur faisait intimement partie de l'expérience de Maupassant
— il a, pour la décrire, une grande richesse de vocabulaire. La leçon de

Notes 2 et 3, v. p. 13.

ses prédécesseurs rejoignait une intuition personnelle profonde : c'est la peur, en effet, qui transfigure la Réalité et confère aux êtres et aux choses une signification mystérieuse : elle ouvre les « portes mystérieuses ». C'est elle qui, envahissant le conte peu à peu, crée le climat fantastique. Elle poétise la banalité quotidienne, parce qu'elle introduit une relation nouvelle de l'homme au monde — elle le délivre du rationnel. Elle traverse l'opacité du connu et en éclaire les aspects ignorés, troublants, merveilleux. L'univers fantastique de Maupassant s'articule donc sur une étroite interaction, dans le prisme d'une conscience, du réel et de l'irréel. Il semble préfigurer l'ambivalence essentielle du réalisme kafkaïen et des mythes pirandelliens.

L'ART DE MAUPASSANT

Le naturalisme.

Maupassant, nous l'avons vu, a été à ses débuts un familier de Zola. Une « même tendance philosophique », selon ses propres termes, semblait l'apparenter au naturalisme. Celui-ci — en réaction contre le romantisme — satisfaisait chez le jeune écrivain un besoin de renouveau ; il l'intéresse aussi par le matérialisme mécaniste sur lequel il fonde son idée de l'homme : niant chez celui-ci une essence et une liberté garantes de sa vie intérieure, les naturalistes substituent à l'homme métaphysique des romantiques l'homme physiologique, chez qui la sensation commande l'idée, l'instinct le sentiment. En accord sur ce point avec l'esprit positiviste de son temps, représenté par la philosophie d'Auguste Comte et d'Hippolyte Taine, en qui Zola salue un grand penseur moderne, Maupassant, à l'instar des naturalistes, considère l'homme comme un être soumis aux influences de la race, du milieu et du moment. Une telle conception rejette logiquement l'idée du bien et du mal — Taine disait que « le vice et la vertu sont des produits comme le vitriol et le sucre » —, et elle le conduit de préférence à l'observation des êtres chez qui le jeu des pulsions instinctives se manifeste le plus brutalement et sur qui la pression sociale est la plus forte. Aussi rencontre-t-on dans les récits de Maupassant les hommes dont le comportement se trouve déterminé par les servitudes inhérentes à leur

---

2. *Tourgueniev* (Ivan Sergheïevitch) [1818-1883] : conteur et romancier russe, qui vécut à Paris. Maupassant reçut de lui quelques conseils pour son œuvre et lui voua une grande admiration. Ami de Flaubert, Tourguéniev fit connaître Maupassant en Russie et particulièrement à Tolstoï ; 3. *Nerval* avait publié en 1832 un conte fantastique, *la Main de gloire*, paru alors dans le *Cabinet de lecture*, puis réimprimé sous le titre *la Main enchantée* dans *Contes et facéties* en 1852. Or, Maupassant publia en 1875 un premier conte fantastique, *la Main d'écorché*, qui fut repris plus tard dans une nouvelle version sous le titre *la Main* et publié dans le recueil *Contes du jour et de la nuit* (1885) ; le poète anglais Charles A. Swinburne, que Maupassant rencontra dans sa jeunesse à Etretat, lui avait offert une main d'écorché dont l'écrivain ne se sépara plus jamais. *Hoffmann* (1776-1822) : écrivain romantique allemand, auteur de contes fantastiques. *Edgar Poe* (1809-1849) : poète et conteur américain, auteur des *Histoires extraordinaires*, introduites en France par Baudelaire.

condition sociale et apporte, assez fréquemment, un démenti formel aux idéaux moraux de la société. Maupassant trouvait donc dans la philosophie des naturalistes le moyen d'exercer sa clairvoyance désenchantée ; elle lui fournissait encore l'occasion de mettre en œuvre son génie de l'observation, qui confère à la peinture de la société du XIX⁰ siècle finissant une réelle valeur documentaire. D'inspiration naturaliste sont en effet, chez lui, le souci de la description — décor, costumes, apparence physique, comportement des personnages — ainsi que le souci de restituer la vérité du langage — patois normand —, qui achève de situer les personnages dans leur milieu. Toutefois, le naturalisme de Maupassant n'affecte jamais les allures d'une littérature « expérimentale » : Maupassant rejette les prétentions scientifiques qui animent Zola, car elles appauvrissent, à ses yeux, le sens que l'écrivain peut déchiffrer dans le réel. A l'impersonnalité scientifique des naturalistes, il oppose l'impassibilité de l'artiste, qui laisse son œuvre s'éclairer elle-même par la seule magie de sa présence. Sa conception de l'art rejoint ainsi le réalisme flaubertien.

L'impassibilité.

A propos de Flaubert, Maupassant écrit : « Ce n'est pas impersonnel qu'on devrait dire en parlant de cet impeccable artiste, mais impassible », car son œuvre résulte, comme il l'explique, d'un compromis subtil entre l'analyse et la transcription servile des faits. Cette frontière délicate où, après Flaubert, il veut situer son art, il la dessine avec rigueur dans la préface de son roman *Pierre et Jean*. L'œuvre, fondée sur les données de l'expérience que filtre cependant, et recompose, la personnalité de l'écrivain, doit donner de la vie une vision « plus complète, plus saisissante, plus probante que la réalité même ». Cette qualité, qui la désigne alors comme œuvre d'art, repose sur un critère essentiel, la « vraisemblance », opposée à la « photographie banale de la vie » des naturalistes. La vraisemblance est l'expression d'un rapport original entre l'artiste et le monde qui se reflète dans son œuvre, non point avec la sèche précision d'un miroir, mais avec les infinies vibrations d'une « émotion » restituée. A l'origine de cette interprétation du réel — contraire aux thèses du naturalisme — se situe le choix que l'écrivain fait parmi les « multitudes d'incidents insignifiants qui emplissent notre existence ». Ce choix est orienté par l' « illusion particulière » que l'artiste a du monde et qu'il doit « reproduire devant nos yeux avec une scrupuleuse ressemblance », sans jamais se manifester néanmoins dans son œuvre. Il devra donc composer celle-ci d'une manière « si adroite, si dissimulée et d'apparence si simple qu'il soit impossible d'en apercevoir et d'en indiquer le plan, de découvrir ses intentions ». Cela implique une conception neuve de la psychologie, de la composition et du style. La vigueur du récit de Maupassant réside en effet dans l'art de « cacher la phychologie au lieu de l'étaler » et de faire saisir par la description de l'apparence et du geste de ses personnages les observations morales qui font « le support secret et la substance intérieure de ses œuvres » (F. Brunetière). A ce niveau intervient l'art de la composition, sur laquelle se construit tout le sens de l'œuvre, par un jeu complexe de préparations, de transitions, de gradations et de perspectives. L'illusion, toutefois, ne peut être complète sans l'expression originale dont l'écrivain a besoin pour traduire sa vision particulière : « Ayons moins de mots, de verbes, d'adjectifs aux sens presque insaisissables, mais plus de phrases diversement construites, ingénieusement coupées, pleines de sonorités et de rythmes savants. » C'est le mouvement de la vie que le style doit épouser, car celui-ci n'est pas une forme, mais l'œuvre même. J. Thoraval a étudié sur des exemples précis ce travail du style, par lequel Maupassant, en se corrigeant, engage toujours son récit dans le sens d'une vraisemblance meilleure, d'une illusion plus parfaite du vrai, car, pensait-il, « les grands artistes sont ceux qui imposent à l'humanité leur illusion particulière » (préface de *Pierre et Jean*).

La satire et la pitié.

La distance que le narrateur prend vis-à-vis de ses personnages et des événements qu'il raconte ne laisse pas, toutefois, de révéler indirectement sa présence. Lui-même énonce la raison profonde de son art : « J'écris parce que je comprends et je souffre de tout ce qui est » (*Sur l'eau*). Par cette formule s'éclaire une double attitude qui préside à la naissance des récits : d'une part, la clairvoyance et, d'autre part, la sympathie. La clairvoyance de Maupassant détecte les instincts élémentaires à l'origine des conduites d'une humanité misérable, dont les crimes, loin d'être des faits isolés, trouvent dans la collectivité des complices cruels ou complaisants (*l'Aveugle*, *le Gueux*, *le Baptême*). La vision de Maupassant s'enrichit alors d'une intention satirique qui dépouille les comportements humains de toutes les hypocrisies dont ils se déguisent (*le Vieux*, *l'Orphelin*, *Une famille*); nul amour, nulle tendresse dans les rapports humains (*l'Aveugle*, *le Vieux*, *Aux champs*, *Alexandre*, *Première Neige*). L'indifférence, l'égoïsme, la cruauté constituent les seuls mobiles des actions humaines, et le sadisme se love au fond de chaque être, prêt à s'épanouir en toute occasion (*l'Aveugle*, *Deux Amis*, *le Père Milon*). Lorsque l'homme n'est pas foncièrement mauvais, il est ridicule, vaniteux, médiocre ou vulgaire; la satire lucide et brutale se nuance alors d'humour (*l'Ami Joseph*, *Voyage de santé*) ou se charge d'une franche alacrité suscitée par les effets de la caricature (*le Parapluie*, *le Père Mongilet*). Mais ces éclairs de gaieté sont le plus souvent messagers d'une secrète tristesse. La pauvreté, la médiocrité de la condition sociale aggravent la misère de la condition humaine; et, bien souvent, devant l'étendue du malheur et de la laideur qu'il aperçoit dans la vie, Maupassant est saisi de pitié. Celle-ci affleure dans de nombreux récits, découvrant sous les faits la tristesse de la vie. Maupassant s'indigne de la cruauté des hommes (*Une famille*, *l'Aveugle*, *le Gueux*). Il se révolte contre le fléau de la guerre, qui écrase les humbles (*la Mère Sauvage*, *Deux Amis*). Il devine aussi sous la grisaille du quotidien les souffrances obscures (*A cheval*, *la Parure*, *Alexandre*), aussi pitoyables, parce que silencieuses et résignées. Il pénètre les drames inavoués (*Mademoiselle Perle*), les souffrances muettes (*Petit*

Soldat). Dès lors, on comprend que, s'il dénonce parfois brutalement la laideur humaine, s'il ironise sur les contorsions grotesques ou lamentables des hommes, c'est qu'il les perçoit avec une profonde sensibilité. Cette sensibilité, il faut la déceler dans les interstices du récit, à travers les procédés de narration : elle se glisse dans les rythmes suggestifs de la phrase, elle s'avoue dans le choix du vocabulaire, elle se découvre dans l'aménagement de la composition. C'est elle qui doue l'écrivain de « cette rare qualité d'évocateur impassible » qu'il admirait tant chez Flaubert.

L'art du récit.

Maupassant n'a jamais donné de définition théorique de ses récits courts ; il n'a pas fait non plus de distinction entre conte et nouvelle. Cela ne veut pas dire qu'il ait méconnu les règles fondamentales du genre court. Celui-ci se caractérise essentiellement par un effet calculé de concentration. Or, les contes et nouvelles de Maupassant sont construits sur un sujet unique — le titre qu'ils portent annonce toujours cette singularité. Les personnages qui les animent sont dépouillés à l'extrême : ou bien Maupassant les conçoit comme des types, parfois proches de la caricature (*le Vieux*, *l'Ami Joseph*, *le Parapluie*, *Voyage de santé*), ou bien il laisse à l'imagination du lecteur le soin de développer ou de compléter leur psychologie (*Première Neige*, *Madame Hermet*, *l'Orphelin*, *Mademoiselle Perle*). Dans la multitude des détails qui composent un événement ou un moment particulier de la vie d'un personnage, il s'étudie à supprimer, selon une sévère discipline, tout ce qui pourrait éloigner le lecteur d'un centre d'intérêt unique sur lequel il veut faire reposer tout son récit ; il isole un seul élément, qu'il choisit extraordinaire et qu'il grossit dans les justes proportions de l'effet à produire. Ainsi, l'événement raconté frappe le lecteur — souvent grâce à un coup de théâtre (*Un réveillon*, *la Parure*, *le Père Milon*) — et il est, dans cette intention, savamment mis en œuvre. L'exposition, variée dans sa présentation (tableau du cadre naturel, méditation, description d'un personnage), est toujours statique. Elle souligne par contraste la cadence dynamique avec laquelle se déroule l'action qui suit : celle-ci s'engage rapidement et se développe suivant un mouvement rigoureux qui la porte à vive allure jusqu'à son dénouement. Le récit, au cours duquel s'établit, par la vertu d'une logique serrée, un jeu souvent complexe de renvois et d'échos, se déroule sur un tempo proche du rythme dramatique. Et la conclusion, où tous les éléments convergent, en constitue, par conséquent, l'instant privilégié.

Afin de mettre en valeur les significations explicites et implicites de l'événement raconté, Maupassant use de toutes les possibilités que lui fournit l'alternance de la narration et du dialogue. Celui-ci, toujours naturel et nerveux, présente l'avantage de donner une représentation « directe » des événements ; c'est pourquoi il intervient à tous les moments clés du récit (*la Parure*, *Première Neige*, *Madame Hermet*, *Apparition*) et particulièrement dans l'instant de crise (*Alexandre*, *Qui sait ?*, *Mademoiselle Perle*, *Un réveillon*, *la Mère Sauvage*). Le narrateur reprend la parole s'il veut éclairer l'événement d'une signification que son personnage ne peut ou ne veut pas apercevoir (*Deux Amis, Mademoiselle Perle, le Père Milon*). Il joue donc le rôle d'un personnage témoin, non engagé, qui domine l'action. Lorsqu'il veut faire entendre les pensées d'un ou de plusieurs personnages, Maupassant recourt au style indirect libre, cher à son maître Flaubert. L'apparente objectivité de la narration s'infléchit alors vers une plus délicate perception de l'événement, que le lecteur saisit à travers une personnalité précise, sous l'angle particulier qui lui est ainsi dévoilé. En se glissant à l'intérieur de ses personnages, le narrateur enrichit son récit de sens multiples (*l'Aveugle, Première Neige, l'Auberge*); utilisé pour la conclusion, ce procédé lui permet même de faire rebondir le récit en changeant les perspectives à partir desquelles il peut être lu (*le Gueux, Petit Soldat*).

Ainsi, en dépit des apparences, le conte — ou la nouvelle — de Maupassant n'est pas la reproduction fidèle d'un instant pris dans la réalité quotidienne et familière. C'est une structure littéraire, un ensemble mesuré et strictement gouverné des éléments propres au genre narratif court, que Maupassant a su manier avec l'adresse d'un artiste.

LES CONTES ET NOUVELLES

La publication.

La carrière littéraire de Maupassant fut brève et brillante. Elle couvre dix années, pendant lesquelles il composa une œuvre variée : pièces de théâtre, vers, contes et nouvelles, romans, récits de voyages — qui lui donna la gloire en France comme à l'étranger. Dès le succès de *Boule-de-Suif*, Maupassant est engagé comme chroniqueur au *Gaulois*, journal de tendance monarchiste ; il collabore également sur la suite au *Gil Blas*, mondain et léger, au *Figaro*, républicain, et à *l'Echo de Paris*. C'est dans les colonnes de ces journaux — et parfois aussi dans les revues de l'époque — qu'il fait paraître d'abord ses contes et nouvelles, avant de les réunir en recueils, sans jamais se soucier d'ailleurs de les regrouper selon un ordre défini, pour l'édition. De son vivant, il n'y eut point d'édition collective de ses œuvres, mais de 1881 à 1890 parurent successivement, chez plusieurs éditeurs, dix recueils de contes et nouvelles dont le titre est emprunté au récit initial : en 1881, *la Maison Tellier* ; en 1882, *Mademoiselle Fifi* ; en 1883, *Contes de la bécasse* ; en 1884, *Clair de lune, Miss Harriett* et *les Sœurs Rondoli* ; en 1885, *Yvette, Contes du jour et de la nuit* et *Toine* ; en 1886, *Monsieur Parent* et *la Petite Roque* ; en 1887, *le Horla* ; en 1888, *le Rosier de Mme Husson* ; en 1889, *la Main gauche* ; en 1890, *l'Inutile Beauté*. Quatre autres recueils posthumes seront publiés chez Ollendorff : en 1899, *le Père Milon* ; en 1900, *le Colporteur* ; en 1901, *les Dimanches d'un bourgeois de Paris* ; en 1912, *Misti*.

Le choix de ce recueil : les récits cités dans ce recueil sont empruntés à l'édition Albin Michel, établie par Albert-Marie Schmidt (1957). Le choix présenté ici a été limité et par les dimensions du recueil et par l'esprit de la

collection des « Nouveaux Classiques Larousse ». A l'intérieur de ces frontières, les préférences se sont portées sur les contes et nouvelles qui semblaient le mieux introduire à la connaissance de l'écrivain et de son œuvre.
Il a été décidé, pour mettre en évidence les caractères principaux de celle-ci,
de rassembler les récits suivant un ordre thématique soulignant les traits
notables de l'esthétique et de l'univers intime de l'écrivain.

Les sujets que Maupassant adopte reflètent son attitude devant les
hommes et le monde : la mort, la bestialité de l'être humain, l'inanité de
son existence, qu'il décrit à travers les pitoyables aventures de personnages ternes et falots, et la vanité sont des thèmes sur lesquels la diversité
des anecdotes et des personnages s'annule dans la cohérence d'une vision
satirique des mœurs, opposées aux idéaux moraux de la société. Par l'observation qu'il fait du quotidien, Maupassant s'attache surtout à découvrir les
malheurs de la misère et de la solitude, où se dévoile l'absurdité de la
condition humaine et où se vérifie son pessimisme. L'expérience personnelle
de la souffrance lui révèle les sujets — drames de l'amour, drames de la
guerre — qui lui permettent de dire les secrètes ou héroïques douleurs
des hommes. Le monde des hallucinations, qui s'ouvre inéluctablement à lui
et dans lequel il sent qu'un jour il s'abîmera, lui suggère la peinture de
la pensée en dérèglement, envahie par l'imagination, détraquée par l'angoisse, allant à la dérive.

La liste des sujets que nous donnons ci-après dans un tableau récapitu-
latif des contes et nouvelles choisis facilitera l'utilisation de ce recueil et
pourra servir d'aide-mémoire.

ARGUMENT DES CONTES ET NOUVELLES

A. CONTES ET NOUVELLES SATIRIQUES

Tableau de mœurs et vision critique.

1. Scènes autour de la mort.

Un réveillon : le cadavre du grand-père dans la huche.
Le Vieux : invitations prématurées à un enterrement.
Le Diable : le stratagème d'une garde-malade avare pour précipiter la
   fin de la mourante.

2. La bête dans l'homme.

L'Aveugle : le martyre d'un aveugle dont on se débarrasse finalement.
Le Baptême : la mort atroce d'un nouveau-né au jour de son baptême.
Une famille : le supplice d'un vieillard débile et gourmand dans une famille
   bourgeoise.

3. L'humanité dérisoire ou l'humaine comédie.

L'Ami Joseph : un républicain s'installe chez un couple bien-pensant.
Le Parapluie : l'expédient de l'avare Mme Oreille pour faire réparer un
   parapluie brûlé sans bourse délier.
Le Père Mongilet : pourquoi un employé parisien a été dégoûté de la
   campagne.
Voyage de santé : M. Panard fuit les maladies.

4. Les tragédies de la vanité humaine.

A cheval : les malheurs d'un cavalier malhabile et présomptueux.
Madame Hermet : l'histoire d'une mère trop coquette devenue folle.

B. CONTES ET NOUVELLES DU DÉSENCHANTEMENT

Le sentiment de l'universelle absurdité.

1. Les drames de la misère.

Aux champs : l'adoption d'un enfant provoque la jalousie entre deux familles
   paysannes.
La Parure : un ménage modeste s'endette pour remplacer un bijou perdu
   au bal.
Le Gueux : la mort d'un infirme affamé.

2. Les drames de la solitude.

Première Neige : une jeune femme souffre du froid et trouve le moyen
   d'obliger son mari à lui acheter un calorifère.
Garçon, un bock ! : bouleversé par un drame terrible qu'il a vécu étant
   enfant, un jeune homme se confine dans les brasseries.

C. CONTES ET NOUVELLES DE LA PITIÉ

L'expérience de la souffrance.

1. Les drames de l'amour.

Petit Soldat : deux jeunes soldats — une jeune fille.
Mademoiselle Perle : un amour passionné et inavoué dans une paisible
    famille.
Alexandre : le secret de l'ordonnance demeuré toute sa vie au service d'un
    officier brutal.

2. Les drames de la guerre.

Deux Amis : une tragique partie de pêche pendant le siège de Paris.
Le Père Milon : assassinats de Prussiens — exécution.
La Mère Sauvage : pendant l'occupation prussienne, une paysanne apprend
    la mort de son fils sur le champ de bataille et le venge.

D. CONTES ET NOUVELLES DE LA PEUR

Le monde des hallucinations.

1. Les vertiges de l'imagination.

Sur l'eau : phantasmes nocturnes sur la rivière.
La Peur : mirage du son en Afrique; meurtre d'un revenant.

2. L'empire de l'angoisse.

L'Orphelin : assassinat mystérieux d'une vieille fille; l'orphelin adopté par
    elle hérite.
L'Auberge : deux hommes dans la solitude de la montagne.
La Nuit : errances nocturnes à travers Paris.

3. La raison en dérive.

Apparition : histoire d'une étrange rencontre dans un château fermé.
Lui ? : les raisons qui décident un libertin au mariage.
Qui sait ? : comment un homme en est arrivé à entrer de lui-même dans
    un asile.

CONTES ET NOUVELLES
DE MAUPASSANT

A. CONTES ET NOUVELLES SATIRIQUES

[SCÈNES AUTOUR DE LA MORT]

I

UN RÉVEILLON[4]

Je ne sais plus au juste l'année. Depuis un mois entier je chassais avec emportement, avec une joie sauvage, avec cette ardeur qu'on a pour les passions nouvelles.

J'étais en Normandie, chez un parent non marié, Jules de
5 Banneville, seul avec lui, sa bonne, un valet et un garde dans son château seigneurial. Ce château, vieux bâtiment grisâtre entouré de sapins gémissants, au centre de longues avenues de chênes où galopait le vent, semblait abandonné depuis des siècles. Un antique mobilier habitait seul les pièces toujours
10 fermées, où jadis ces gens dont on voyait les portraits accrochés dans un corridor aussi tempétueux que les avenues recevaient cérémonieusement les nobles voisins.

Quant à nous, nous nous étions réfugiés dans la cuisine, seul coin habitable du manoir, une immense cuisine dont les loin-
15 tains sombres s'éclairaient quand on jetait une bourrée nouvelle dans la vaste cheminée. Puis, chaque soir, après que nos bottes trempées avaient fumé longtemps et que nos chiens d'arrêt, couchés en rond entre nos jambes, avaient rêvé de chasse en aboyant comme des somnambules, nous montions dans notre
20 chambre.

C'était l'unique pièce qu'on eût fait plafonner et plâtrer partout, à cause des souris. Mais elle était demeurée nue, blanchie seulement à la chaux, avec des fusils, des fouets à chiens et des cors de chasse accrochés aux murs; et nous nous glissions gre-
25 lottants dans nos lits, aux deux coins de cette case sibérienne.

---

4. Ce conte fut publié dans *Gil Blas* le 5 janvier 1882.

A une lieue en face du château, la falaise à pic tombait dans la mer ; et les puissants souffles de l'Océan, jour et nuit, faisaient soupirer les grands arbres courbés, pleurer le toit et les girouettes, crier tout le vénérable bâtiment, qui s'emplissait de
30 vent par ses tuiles disjointes, ses cheminées larges comme des gouffres, ses fenêtres qui ne fermaient plus. **(1)**

Ce jour-là il avait gelé horriblement. Le soir était venu. Nous allions nous mettre à table devant le grand feu de la haute cheminée où rôtissaient un râble de lièvre flanqué de deux
35 perdrix qui sentaient bon.

Mon cousin leva la tête : « Il ne fera pas chaud en se couchant », dit-il.

Indifférent, je répliquai : « Non, mais nous aurons du canard aux étangs demain matin. »
40 La servante, qui mettait notre couvert à un bout de la table et celui des domestiques à l'autre bout, demanda : « Ces messieurs savent-ils que c'est ce soir le réveillon ? »

Nous n'en savions rien assurément, car nous ne regardions guère le calendrier. Mon compagnon reprit : « Alors c'est ce
45 soir la messe de minuit. C'est donc pour cela qu'on a sonné toute la journée ! »

La servante répliqua : « Oui et non, Monsieur ; on a sonné aussi parce que le père Fournel est mort. »

Le père Fournel, ancien berger, était une célébrité du pays.
50 Âgé de quatre-vingt-seize ans, il n'avait jamais été malade jusqu'au moment où, un mois auparavant, il avait pris froid, étant tombé dans une mare par une nuit obscure. Le lendemain il s'était mis au lit. Depuis lors il agonisait.

Mon cousin se tourna vers moi : « Si tu veux, dit-il, nous
55 irons tout à l'heure voir ces pauvres gens. » Il voulait parler de la famille du vieux, son petit-fils, âgé de cinquante-huit ans, et sa petite belle-fille, d'une année plus jeune. La génération intermédiaire n'existait déjà plus depuis longtemps. Ils habitaient une lamentable masure, à l'entrée du hameau, sur la droite.
60 Mais je ne sais pourquoi cette idée de Noël, au fond de cette solitude, nous mit en humeur de causer. Tous les deux, en tête

––––––––––––– **QUESTIONS** –––––––––––––

1. La première phrase du conte augmente-t-elle la crédibilité du récit ? — Relevez les différentes étapes de la description : selon quel ordre est-elle construite ? Montrez que ce procédé ressortit à l'esthétique naturaliste.

à tête, nous nous racontions des histoires de réveillons anciens,
des aventures de cette nuit folle, les bonnes fortunes passées et
les réveils du lendemain, les réveils à deux avec leurs surprises
65 hasardeuses, l'étonnement des découvertes.

De cette façon, notre dîner dura longtemps. De nombreuses
pipes le suivirent ; et, envahis par ces gaîtés de solitaires, des
gaîtés communicatives qui naissent soudain entre deux intimes
amis, nous parlions sans repos, fouillant en nous pour nous dire
70 ces souvenirs confidentiels du cœur qui s'échappent en ces
heures d'effusion.

La bonne, partie depuis longtemps, reparut : « Je vais à la
messe, Monsieur.

— Déjà !

75 — Il est minuit moins trois quarts.

— Si nous allions aussi jusqu'à l'église ? demanda Jules, cette
messe de Noël est bien curieuse aux champs. »

J'acceptai, et nous partîmes, enveloppés en nos fourrures
de chasse.

80 Un froid aigu piquait le visage, faisait pleurer les yeux. L'air
cru saisissait les poumons, desséchait la gorge. Le ciel profond,
net et dur, était criblé d'étoiles qu'on eût dites pâlies par la gelée ;
elles scintillaient non point comme des feux, mais comme des
astres de glace, des cristallisations brillantes. Au loin, sur la
85 terre d'airain, sèche et retentissante, les sabots des paysans son-
naient ; et, par tout l'horizon, les petites cloches des villages,
tintant, jetaient leurs notes grêles comme frileuses aussi, dans la
vaste nuit glaciale.

La campagne ne dormait point. Des coqs, trompés par ces
90 bruits, chantaient ; et en passant le long des étables, on entendait
remuer les bêtes troublées par ces rumeurs de vie.

En approchant du hameau, Jules se ressouvint des Fournel.
« Voici leur baraque, dit-il : entrons ! » shanty

Il frappa longtemps en vain. Alors une voisine, qui sortait de
95 chez elle pour se rendre à l'église, nous ayant aperçus : « Ils sont
à la messe, Messieurs : ils vont prier pour le père. »

« Nous les verrons en sortant », dit mon cousin.

La lune à son déclin profilait au bord de l'horizon sa
silhouette de faucille au milieu de cette semaille infinie de grains
100 luisants jetés à poignée dans l'espace. Et par la campagne noire,
des petits feux tremblants s'en venaient de partout vers le
clocher pointu qui sonnait sans répit. Entre les cours des fermes
plantées d'arbres, au milieu des plaines sombres, ils sautillaient,

ces feux, en rasant la terre. C'étaient des lanternes de corne
105 que portaient les paysans devant leurs femmes en bonnet blanc,
enveloppées de longues mantes noires, et suivies de mioches
mal éveillés, se tenant la main dans la nuit.

Par la porte ouverte de l'église, on apercevait le chœur illu-
miné. Une guirlande de chandelles d'un sou faisait le tour de la
110 nef ; et par terre, dans une chapelle à gauche, un gros Enfant
Jésus étalait sur de la vraie paille, au milieu des branches de
sapin, sa nudité rose et maniérée.

L'office commençait. Les paysans courbés, les femmes à
genoux, priaient. Ces simples gens, relevés par la nuit froide,
115 regardaient, tout remués, l'image grossièrement peinte, et ils
joignaient les mains, naïvement convaincus autant qu'inti-
midés par l'humble splendeur de cette représentation puérile.

L'air glacé faisait palpiter les flammes. Jules me dit : « Sor-
tons ! on est encore mieux dehors. »
120 Et sur la route déserte, pendant que tous les campagnards
prosternés grelottaient dévotement, nous nous mîmes à recauser
de nos souvenirs, si longtemps que l'office était fini quand nous
revînmes au hameau.

Un filet de lumière passait sous la porte des Fournel. « Ils
125 veillent leur mort, dit mon cousin. Entrons enfin chez ces
pauvres gens, cela leur fera plaisir. » (2)

Dans la cheminée, quelques tisons agonisaient. La pièce
noire, vernie de saleté, avec ses solives vermoulues brunies par
le temps, était pleine d'une odeur suffocante de boudin grillé.
130 Au milieu de la grande table, sous laquelle la huche au pain
s'arrondissait comme un ventre dans toute sa longueur, une
chandelle, dans un chandelier de fer tordu, filait jusqu'au plafond l'âcre fumée de sa mèche en champignon. — Et les deux
Fournel, l'homme et la femme, réveillonnaient en tête à tête.
135 Mornes, avec l'air navré et la face abrutie des paysans, ils
mangeaient gravement sans dire un mot. Dans une seule
assiette, posée entre eux, un grand morceau de boudin déga-

──────── QUESTIONS ────────

2. Expliquez l'utilité de cette partie du conte pour l'ensemble du récit.
— Les personnages : en quoi la présentation des Fournel est-elle remarquable ? La veillée des deux chasseurs n'introduit-elle pas l'opposition de
deux mondes, de deux mentalités ? — Les décors : étudiez le rôle des sensations dans les descriptions du froid et de la nuit. — Les mœurs : notez
les détails qui soulignent la simplicité de la cérémonie religieuse ; quels
traits de la foi paysanne y sont relevés ? Pourquoi ?

geait sa vapeur empestante. De temps en temps, ils en arra-
chaient un bout avec la pointe de leur couteau, l'écrasaient sur
140 leur pain qu'ils coupaient en bouchées, puis mâchaient avec
lenteur.

Quand le verre de l'homme était vide, la femme, prenant la
cruche au cidre, le remplissait.

A notre entrée, ils se levèrent, ils nous firent asseoir, nous
145 offrirent de « faire comme eux », et, sur notre refus, se remirent
à manger.

Au bout de quelques minutes de silence, mon cousin
demanda : « Eh bien, Anthime, votre grand-père est mort ?

— Oui, mon pauv' monsieur, il a passé tantôt. »
150 Le silence recommença. La femme, par politesse, moucha la
chandelle. Alors, pour dire quelque chose, j'ajoutai : « Il était
bien vieux. »

Sa petite belle-fille de cinquante-sept ans reprit : « Oh ! son
temps était terminé, il n'avait plus rien à faire ici. »
155 Soudain, le désir me vint de regarder le cadavre de ce cente-
naire, et je priai qu'on me le montrât.

Les deux paysans, jusque-là placides, s'émurent brusquement. Leurs yeux inquiets s'interrogèrent, et ils ne répondirent
pas.
160 Mon cousin, voyant leur trouble, insista.

L'homme alors, d'un air soupçonneux et sournois, demanda :
« A quoi qu'ça vous servirait ?

— A rien, dit Jules, mais ça se fait tous les jours ; pourquoi
ne voulez-vous pas le montrer ? »
165 Le paysan haussa les épaules. « Oh ! moi, j'veux ben ; seulement, à c'te heure-ci, c'est malaisé. »

Mille suppositions nous passaient dans l'esprit. Comme les
petits-enfants du mort ne remuaient toujours pas, et demeuraient face à face, les yeux baissés, avec cette tête de bois des
170 gens mécontents, qui semble dire : « Allez-vous-en », mon
cousin parla avec autorité : « Allons, Anthime, levez-vous, et
conduisez-nous dans sa chambre. » Mais l'homme, ayant pris
son parti, répondit d'un air renfrogné : « C'est pas la peine, il
n'y est pu, Monsieur.
175 — Mais alors, où donc est-il ? »

La femme coupa la parole à son mari :
« J'vas vous dire : j'l'avons mis jusqu'à d'main dans la huche,
parce que j'avions point d' place. »

Et, retirant l'assiette au boudin, elle leva le couvercle de leur

[180] table, se pencha avec la chandelle pour éclairer l'intérieur du grand coffre béant au fond duquel nous aperçûmes quelque chose de gris, une sorte de long paquet d'où sortait, par un bout, une tête maigre avec des cheveux blancs ébouriffés, et, par l'autre bout, deux pieds nus.

[185] C'était le vieux, tout sec, les yeux clos, roulé dans son manteau de berger, et dormant là son dernier sommeil, au milieu d'antiques et noires croûtes de pain, aussi séculaires que lui.

Ses enfants avaient réveillonné dessus!

Jules, indigné, tremblant de colère, cria : « Pourquoi ne [190] l'avez-vous pas laissé dans son lit, manants[5] que vous êtes? »

Alors la femme se mit à larmoyer, et très vite : « J'vas vous dire, mon bon monsieur, j'avons qu'un lit dans la maison. J'couchions avec lui auparavant puisque j'étions qu'trois. D'puis qu'il est si malade, j'couchons par terre; c'est dur, mon brave [195] monsieur, dans ces temps ici. Eh ben, quand il a été trépassé, tantôt, j'nous sommes dit comme ça : Puisqu'il n'souffre pu, c't'homme, à quoi qu'ça sert de l'laisser dans l'lit? J'pouvons ben l'mettre jusqu'à d'main dans la huche, et je r'prendrions l'lit c'te nuit qui s'ra si froide. J'pouvions pourtant pas coucher [200] avec ce mort, mes bons messieurs!... »

Mon cousin, exaspéré, sortit brusquement en claquant la porte, tandis que je le suivais, riant aux larmes. **(3) (4)**

(5 janvier 1882.)

---

5. *Manant.* Ce terme s'applique au Moyen Age à l'habitant d'un village (du latin *manere*, demeurer). A partir de 1610, son sens devint surtout péjoratif. En langage figuré, le terme désigne un homme grossier, sans éducation.

——— QUESTIONS ———

3. La description des paysans : analysez les procédés employés. Quelle attitude devine-t-on chez les paysans face à la vieillesse et à la mort? Expliquez comment le scandale moral provoqué par la découverte du cadavre dans la huche est encore accru par la justification, pourtant logique, de la paysanne. Quel effet en résulte-t-il? — Étudiez à cet égard les réactions opposées des deux visiteurs et leur portée respective pour la signification du conte.

4. SUR L'ENSEMBLE DU RÉCIT. — Quels sont les deux volets du récit? Analysez comment Maupassant tisse des liens serrés entre les diverses parties du conte. Soulignez l'unité de celui-ci et la progression linéaire jusqu'au point culminant de la fin.

— Montrez que l'intérêt du conte repose sur une opposition implicite entre la morale admise et le comportement des paysans.

— Le naturalisme : notez les traits naturalistes du conte.

(*Suite,* v. p. 27.)

II

LE VIEUX[6]

Un tiède soleil d'automne tombait dans la cour de la ferme, par-dessus les grands hêtres des fossés. Sous le gazon tondu par les vaches, la terre, imprégnée de pluie récente, était moite, enfonçait sous les pieds avec un bruit d'eau; et les pommiers
5 chargés de pommes semaient leurs fruits d'un vert pâle, dans le vert foncé de l'herbage.

Quatre jeunes génisses paissaient, attachées en ligne, et meuglaient par moments vers la maison; les volailles mettaient un mouvement coloré sur le fumier, devant l'étable, et grattaient,
10 remuaient, caquetaient, tandis que les deux coqs chantaient sans cesse, cherchaient des vers pour leurs poules, qu'ils appelaient d'un gloussement vif.

La barrière de bois s'ouvrit; un homme entra, âgé de quarante ans peut-être, mais qui semblait vieux de soixante, ridé,
15 tortu, marchant à grands pas lents, alourdis par le poids de lourds sabots pleins de paille. Ses bras trop longs pendaient des deux côtés du corps. Quand il approcha de la ferme, un roquet jaune, attaché au pied d'un énorme poirier, à côté d'un baril qui lui servait de niche, remua la queue, puis se mit à japper en
20 signe de joie. L'homme cria:

« A bas, Finot! »

Le chien se tut.

Une paysanne sortit de la maison. Son corps osseux, large et plat, se dessinait sous un caraco[7] de laine qui serrait la taille.
25 Une jupe grise, trop courte, tombait jusqu'à la moitié des jambes, cachées en des bas bleus, et elle portait aussi des sabots pleins de paille. Un bonnet blanc, devenu jaune, couvrait quelques cheveux collés au crâne, et sa figure brune, maigre, laide, édentée, montrait cette physionomie sauvage et brute
30 qu'ont souvent les faces des paysans.

L'homme demanda:

---

6. *Le Vieux* parut dans *le Gaulois* le 6 janvier 1884; 7. *Caraco*: vêtement en forme de corsage ou de blouse pour les femmes.

———— QUESTIONS ————

— Le rôle de l'auteur dans le conte: se confond-il avec celui du narrateur? Étudiez sa présence, ses sentiments, son jugement.
— Le thème: un cadavre encombrant. Quelle philosophie recouvre au fond un tel sujet?

« Comment qu'y va ? »

La femme répondit :

« M'sieu l' Curé dit que c'est la fin, qu'il n' passera point la
35 nuit. »

Ils entrèrent tous deux dans la maison.

Après avoir traversé la cuisine, ils pénétrèrent dans la chambre, basse, noire, à peine éclairée par un carreau, devant lequel tombait une loque d'indienne[8] normande. Les grosses
40 poutres du plafond, brunies par le temps, noires et enfumées, traversaient la pièce de part en part, portant le mince plancher du grenier, où couraient, jour et nuit, des troupeaux de rats.

Le sol de terre, bossué, humide, semblait gras, et dans le fond de l'appartement, le lit faisait une tache vaguement blanche.
45 Un bruit régulier, rauque, une respiration dure, râlante, sifflante avec un gargouillement d'eau comme celui que fait une pompe brisée, partait de la couche enténébrée où agonisait un vieillard, le père de la paysanne.

L'homme et la femme s'approchèrent et regardèrent le mori-
50 bond, de leur œil placide et résigné.

Le gendre dit :

« C'te fois, c'est fini ; i n'ira pas seulement la nuit. »

La fermière reprit :

« C'est d'puis midi qu'i gargotte comme ça. »
55 Puis ils se turent. Le père avait les yeux fermés, le visage couleur de terre, si sec qu'il semblait en bois. Sa bouche entr'ouverte laissait passer son souffle clapotant et dur ; et le drap de toile grise se soulevait sur la poitrine à chaque aspiration.

60 Le gendre, après un long silence, prononça :

« Y a qu'à le quitter finir[9]. J'y pouvons rien. Tout d' même c'est dérangeant pour les cossards[10], vu l' temps qu'est bon, qu'il faut r'piquer d'main. »

Sa femme parut inquiète à cette pensée. Elle réfléchit
65 quelques instants, puis déclara :

« Puisqu'i va passer, on l'enterrera pas avant samedi ; t'auras ben d'main pour les cossards. »

Le paysan méditait ; il dit :

« Oui, mais d'main qui faudra qu'invite pour l'imunation[11],

---

8. *Indienne* : étoffe de coton imprimée ou peinte fabriquée en Inde, puis imitée en Europe et à Rouen notamment ; 9. *Le quitter finir* : le laisser mourir ; 10. *Cossards*. Ce terme désigne le colza, abondamment cultivé en pays de Caux ; 11. *Imunation* : inhumation.

⁷⁰ que j' n'ai ben pour cinq à six heures à aller de Tourville à Manetot chez tout le monde. »

La femme, après avoir médité deux ou trois minutes, prononça :

« I n'est seulement point trois heures, qu' tu pourrais
⁷⁵ commencer la tournée anuit¹² et faire tout l' côté de Tourville. Tu peux ben dire qu'il a passé, puisqu'i n'en a pas quasiment pour la relevée¹³. »

L'homme demeura quelques instants perplexe, pesant les conséquences et les avantages de l'idée. Enfin il déclara :

⁸⁰ « Tout d' même, j'y vas. »

Il allait sortir ; il revint et, après une hésitation :

« Pisque t'as point d'ouvrage, loche¹⁴ des pommes à cuire, et pis tu feras quatre douzaines de douillons¹⁵ pour ceux qui viendront à l'imunation, vu qu'i faudra se réconforter. T'allu-
⁸⁵ meras le four avec la bourrée qu'est sous l' hangar au pressoir, Elle est sèque. »

Et il sortit de la chambre, rentra dans la cuisine, ouvrit le buffet, prit un pain de six livres, en coupa soigneusement une tranche, recueillit dans le creux de sa main les miettes tombées
⁹⁰ sur la tablette, et se les jeta dans la bouche pour ne rien perdre. Puis il enleva avec la pointe de son couteau un peu de beurre salé au fond d'un pot de terre brune, l'étendit sur son pain, qu'il se mit à manger lentement, comme il faisait tout.

Et il retraversa la cour, apaisa le chien, qui se remettait à
⁹⁵ japper, sortit sur le chemin qui longeait son fossé, et s'éloigna dans la direction de Tourville. **(5)**

Restée seule, la femme se mit à la besogne. Elle découvrit la huche à la farine, et prépara la pâte aux douillons. Elle la

---

12. *Anuit* : aujourd'hui ; 13. *La relevée* : l'après-midi ; 14. *Locher* : faire tomber les fruits de l'arbre ; 15. *Douillons* : pommes enrobées de pâtes cuites au four, spécialité de la région rouennaise.

QUESTIONS

5. Notez et classez dans tout ce passage les éléments qui constituent une « exposition » au sens classique du terme. Quel est l'événement décisif pour la suite du récit ? — Étudiez les techniques de description : le rôle des verbes et des épithètes, la combinaison des notations empruntées aux différents sens (lumière, couleurs, bruits, mouvement), la fonction du dialogue, des gestes et des attitudes dans la présentation des personnages. Montrez que tous ces procédés contribuent à créer une impression de vraisemblance.

pétrissait longuement, la tournant et la retournant, la maniant,
100 l'écrasant, la broyant. Puis elle en fit une grosse boule d'un
blanc jaune, qu'elle laissa sur le coin de la table.

Alors elle alla chercher les pommes et, pour ne point blesser
l'arbre avec la gaule, elle grimpa dedans au moyen d'un esca-
beau. Elle choisissait les fruits avec soin, pour ne prendre que
105 les mûrs, et les entassait dans son tablier.

Une voix l'appela du chemin :

« Ohé, madame Chicot! »

Elle se retourna. C'était un voisin, maître Osime Favet, le
maire, qui s'en allait fumer ses terres, assis, les jambes pen-
110 dantes, sur le tombereau d'engrais. Elle se retourna, et répondit :

« Qué qu'y a pour vot' service, maît' Osime? »

— Et le pé, où qui n'en est? »

Elle cria :

« Il est quasiment passé. C'est samedi l'imunation, à
115 sept heures, vu les cossards qui pressent. »

Le voisin répliqua :

« Entendu. Bonne chance! Portez-vous bien. »

Elle répondit à sa politesse :

« Merci, et vous d' même. »
120 Puis elle se remit à cueillir ses pommes.

Aussitôt qu'elle fut rentrée, elle alla voir son père, s'attendant à le trouver mort. Mais dès la porte elle distingua son râle
bruyant et monotone, et, jugeant inutile d'approcher du lit
pour ne point perdre de temps, elle commença à préparer les
125 douillons.

Elle enveloppait les fruits, un à un, dans une mince feuille
de pâte, puis les alignait au bord de la table. Quand elle eut fait
quarante-huit boules, rangées par douzaines l'une devant l'autre,
elle pensa à préparer le souper, et elle accrocha sur le feu une
130 marmite, pour faire cuire les pommes de terre; car elle avait
réfléchi qu'il était inutile d'allumer le four, ce jour-là même,
ayant encore le lendemain tout entier pour terminer les prépa-
ratifs.

Son homme rentra vers cinq heures. Dès qu'il eut franchi
135 le seuil, il demanda :

« C'est-il fini? »

Elle répondit :

« Point encore; ça gargouille toujours. »

Ils allèrent voir. Le vieux était absolument dans le même état.
140 Son souffle rauque, régulier comme un mouvement d'horloge,

ne s'était ni accéléré ni ralenti. Il revenait de seconde en
seconde, variant un peu de ton, suivant que l'air entrait ou sortait de la poitrine.

Son gendre le regarda, puis il dit :

145 « I finira sans qu'on y pense, comme une chandelle. »

Ils rentrèrent dans la cuisine et, sans parler, se mirent à
souper. Quand ils eurent avalé la soupe, ils mangèrent encore
une tartine de beurre, puis, aussitôt les assiettes lavées, rentrèrent dans la chambre de l'agonisant.

150 La femme, tenant une petite lampe à mèche fumeuse, la promena devant le visage de son père. S'il n'avait pas respiré, on
l'aurait cru mort assurément.

Le lit des deux paysans était caché à l'autre bout de la
chambre, dans une espèce d'enfoncement. Ils se couchèrent sans
155 dire un mot, éteignirent la lumière, fermèrent les yeux ; et bientôt deux ronflements inégaux, l'un plus profond, l'autre plus
aigu, accompagnèrent le râle ininterrompu du mourant.

Les rats couraient dans le grenier. **(6)**

*
**

Le mari s'éveilla dès les premières pâleurs du jour. Son beau-
160 père vivait encore. Il secoua sa femme, inquiet de cette résistance de vieux.

« Dis donc, Phémie, i n' veut point finir. Qué qu' tu f'rais,
té ? »

Il la savait de bon conseil.

165 Elle répondit :

« I n' passera point l' jour, pour sûr. N'y a point n'a craindre.
Pour lors que l' maire n'opposera pas qu'on l'enterre tout de
même demain, vu qu'on l'a fait pour maître Rénard le pé, qu'a
trépassé juste aux semences. »

170 Il fut convaincu par l'évidence du raisonnement, et il partit
aux champs.

Sa femme fit cuire les douillons, puis accomplit toutes les
besognes de la ferme.

A midi, le vieux n'était point mort. Les gens de journée loués
175 pour le repiquage des cossards vinrent en groupe considérer
l'ancien qui tardait à s'en aller. Chacun dit son mot, puis ils
repartirent dans les terres.

── QUESTIONS ──

6. Qu'est-ce qui prépare ici l'intérêt du conte ? — Combien de temps
s'est écoulé depuis le début du récit ? — Étudiez les procédés qui
relèvent de l'impersonnalité et du réalisme.

A six heures, quand on rentra, le père respirait encore. Son gendre, à la fin, s'effraya.

180 « Qué qu' tu f'rais, à c'te heure, té, Phémie ? »

Elle ne savait non plus que résoudre. On alla trouver le maire. Il promit qu'il fermerait les yeux et autoriserait l'enterrement le lendemain. L'officier de santé[16], qu'on alla voir, s'engagea aussi, pour obliger maître Chicot, à antidater le certificat de 185 décès. L'homme et la femme rentrèrent tranquilles.

Ils se couchèrent et s'endormirent comme la veille, mêlant leurs souffles sonores au souffle plus faible du vieux.

Quand ils s'éveillèrent, il n'était point mort. **(7)**

Alors ils furent atterrés. Ils restaient debout, au chevet du 190 père, le considérant avec méfiance, comme s'il avait voulu leur jouer un vilain tour, les tromper, les contrarier par plaisir, et ils lui en voulaient surtout du temps qu'il leur faisait perdre.

Le gendre demanda :

« Qué que j'allons faire ? »

195 Elle n'en savait rien, elle répondit :

« C'est-i contrariant, tout d'même ! »

On ne pouvait maintenant prévenir tous les invités, qui allaient arriver sur l'heure. On résolut de les attendre, pour leur expliquer la chose.

200 Vers sept heures moins dix, les premiers apparurent. Les femmes en noir, la tête couverte d'un grand voile, s'en venaient d'un air triste. Les hommes, gênés dans leurs vestes de drap, s'avançaient plus délibérément, deux par deux, en devisant des affaires.

205 Maître Chicot et sa femme, effarés, les reçurent en se désolant ; et tous deux, tout à coup, au même moment, en abordant le premier groupe, se mirent à pleurer. Ils expliquaient l'aventure, contaient leur embarras, offraient des chaises, se remuaient, s'excusaient, voulaient prouver que tout le monde 210 aurait fait comme eux, parlaient sans fin, devenus brusquement bavards à ne laisser personne leur répondre.

Ils allaient de l'un à l'autre :

« Je l'aurions point cru ; c'est point croyable qu'il aurait duré comme ça ! »

---

16. L'*officier de santé* n'était pas docteur en médecine, mais il avait le droit de pratiquer dans certaines conditions. Cette tolérance disparut en 1892.

QUESTIONS

Question 7, v. p. 33.

⁵ Les invités interdits, un peu déçus, comme des gens qui manquent une cérémonie attendue, ne savaient que faire, demeuraient assis ou debout. Quelques-uns voulurent s'en aller. Maître Chicot les retint :

« J'allons casser une croûte tout d' même. J'avions fait des ¹⁰ douillons ; faut bien n'en profiter. »

Les visages s'éclairèrent à cette pensée. On se mit à causer à voix basse. La cour peu à peu s'emplissait ; les premiers venus disaient la nouvelle aux nouveaux arrivants. On chuchotait, l'idée des douillons égayant tout le monde.

¹⁵ Les femmes entraient pour regarder le mourant. Elles se signaient auprès du lit, balbutiaient une prière, ressortaient. Les hommes, moins avides de ce spectacle, jetaient un seul coup d'œil de la fenêtre qu'on avait ouverte.

Mme Chicot expliquait l'agonie :

²⁰ « V'là deux jours qu'il est comme ça, ni plus ni moins, ni plus haut ni plus bas. Dirait-on point eune pompe qu'a pu d'iau ? »

Quand tout le monde eut vu l'agonisant, on pensa à la colla-tion ; mais, comme on était trop nombreux pour tenir dans la ²⁵ cuisine, on sortit la table devant la porte. Les quatre douzaines de douillons, dorés, appétissants, tiraient les yeux, disposés dans deux grands plats. Chacun avançait le bras pour prendre le sien, craignant qu'il n'y en eût pas assez. Mais il en resta quatre.

Maître Chicot, la bouche pleine, prononça :

³⁰ « S'i nous véyait, l'pé, ça lui f'rait deuil. C'est li qui les ⟵?? aimait d' son vivant. » *grief ; mourning*

Un gros paysan jovial déclara :

« I n'en mangera pu, à c't' heure. Chacun son tour. »

Cette réflexion, loin d'attrister les invités, sembla les réjouir. ³⁵ C'était leur tour, à eux, de manger des boules.

Mme Chicot, désolée de la dépense, allait sans cesse au cellier chercher du cidre. Les brocs se suivaient et se vidaient coup sur coup. On riait maintenant, on parlait fort, on commençait à crier comme on crie dans les repas.

⁴⁰ Tout à coup une vieille paysanne qui était restée près du moribond, retenue par une peur avide de cette chose qui lui

---

QUESTIONS

7. Le temps du récit coïncide-t-il ici avec le temps narré ? Comparez avec la première partie du conte : le sentiment de la durée est-il le même dans les deux chapitres ? — En quoi consiste le coup de théâtre ?

arriverait bientôt à elle-même, apparut à la fenêtre, et cria d'une voix aiguë :

« Il a passé ! il a passé ! »

255   Chacun se tut. Les femmes se levèrent vivement pour aller voir.

Il était mort, en effet. Il avait cessé de râler. Les hommes se regardaient, baissaient les yeux, mal à leur aise. On n'avait pas fini de mâcher les boules. Il avait mal choisi son moment, ce 260 gredin-là.

Les Chicot, maintenant, ne pleuraient plus. C'était fini, ils étaient tranquilles. Ils répétaient :

« J' savions bien qu' ça pouvait point durer. Si seulement il avait pu s' décider c'te nuit, ça n'aurait point fait tout ce déran-265 gement. »

N'importe, c'était fini. On l'enterrerait lundi, voilà tout, et on remangerait des douillons pour l'occasion.

Les invités s'en allèrent, en causant de la chose, contents tout de même d'avoir vu ça et aussi d'avoir cassé une croûte.

270   Et quand l'homme et la femme furent demeurés tout seuls, face à face, elle dit, la figure contractée par l'angoisse :

« Faudra tout d' même r'cuire quatre douzaines de boules ! Si seulement il avait pu s' décider c'te nuit ! »

Et le mari, plus résigné, répondit :

275   « Ça n' serait pas à r'faire tous les jours. » **(8) (9)**

(6 janvier 1884.)

───────── **QUESTIONS** ─────────

8. Comment Maupassant met-il en évidence le caractère ambigu de la situation ? Celle-ci est-elle tragique ? Qu'est-ce qui l'empêche d'être franchement comique ? Analysez comment l'ironie de l'auteur se manifeste discrètement. — Étudiez en particulier l'emploi du pronom indéfini ainsi que l'alternance mesurée du dialogue et du style indirect libre. — Le caractère dramatique de l'épisode : distinguez-en les différentes scènes et appréciez-en la durée. — Les réflexions des Chicot : montrez que la morale de l'histoire exprimée par les deux paysans n'est pas conforme à la morale du lecteur. Quel effet en résulte-t-il ?

9. SUR L'ENSEMBLE DU RÉCIT. — Appréciez la composition dramatique du conte telle qu'elle a été soulignée par l'auteur et notez le rôle du temps dans chacun des « actes » du récit.

— Étudiez le conte dans la perspective d'un bon tour que le vieux jouerait à ses enfants avant de mourir.

— La technique naturaliste : relevez les principaux traits du caractère paysan, les mœurs et les traditions campagnardes évoqués dans le conte et déterminez leur fonction dans le récit. Appréciez le rôle accordé à l'objet (les cossards, les douillons) dans le déroulement du drame.

— Le thème : à quelle intention satirique répond-il ?

III

LE DIABLE[17] *du garde*

Le paysan restait debout en face du médecin, devant le lit de la mourante. La vieille, calme, résignée, lucide, regardait les deux hommes et les écoutait causer. Elle allait mourir; elle ne se révoltait pas, son temps était fini, elle avait quatre-vingt-
5 douze ans.

Par la fenêtre et la porte ouvertes, le soleil de juillet entrait à flots, jetait sa flamme chaude sur le sol de terre brune, onduleux et battu par les sabots de quatre générations de rustres. Les odeurs des champs venaient aussi, poussées par la brise
10 cuisante, odeurs des herbes, des blés, des feuilles, brûlés sous la chaleur de midi. Les sauterelles s'égosillaient, emplissaient la campagne d'un crépitement clair, pareil au bruit des criquets de bois qu'on vend aux enfants dans les foires.

Le médecin, élevant la voix, disait :
15 « Honoré, vous ne pouvez pas laisser votre mère toute seule dans cet état-là. Elle passera d'un moment à l'autre! »

Et le paysan, désolé, répétait :

« Faut pourtant que j'rentre mon blé; v'là trop longtemps qu'il est à terre. L'temps est bon, justement. Qué qu' t'en dis,
20 ma mé? » *torturé*

Et la vieille mourante, tenaillée encore par l'avarice normande, faisait « oui » de l'œil et du front, engageait son fils à rentrer son blé et à la laisser mourir toute seule.

Mais le médecin se fâcha et, tapant du pied :
25 « Vous n'êtes qu'une brute, entendez-vous, et je ne vous permettrai pas de faire ça, entendez-vous! Et, si vous êtes forcé de rentrer votre blé aujourd'hui même, allez chercher la Rapet, parbleu! et faites-lui garder votre mère. Je le veux, entendez-vous! Et si vous ne m'obéissez pas, je vous laisserai crever
30 comme un chien, quand vous serez malade à votre tour, entendez-vous? »

Le paysan, un grand maigre, aux gestes lents, torturé par l'indécision, par la peur du médecin et par l'amour féroce de l'épargne, hésitait, balbutiait :
35 « Combien qu'é prend, la Rapet, pour une garde? »

Le médecin criait :

« Est-ce que je sais, moi? Ça dépend du temps que vous lui

17. *Le Diable* parut dans *le Gaulois* le 5 août 1886.

demanderez. Arrangez-vous avec elle, morbleu! Mais je veux
qu'elle soit ici dans une heure, entendez-vous? »

40   L'homme se décida :

« J'y vas, j'y vas; vous fâchez point, m'sieu l'Médecin. » Et
le docteur s'en alla, en appelant :

« Vous savez, vous savez, prenez garde, car je ne badine
pas quand je me fâche, moi! »

45   Dès qu'il fut seul, le paysan se tourna vers sa mère, et, d'une
voix résignée :

« J'vas quéri[18] la Rapet, pisqu'il veut, c't'homme. T'éluge[19]
point tant qu'je r'vienne. »

Et il sortit à son tour. **(10)**

50   La Rapet, une vieille repasseuse, gardait les morts et les mourants de la commune et des environs. Puis, dès qu'elle avait
cousu ses clients dans le drap dont ils ne devaient plus sortir,
elle revenait prendre son fer dont elle frottait le linge des
vivants. Ridée comme une pomme de l'autre année, méchante,
55 jalouse, avare d'une avarice tenant du phénomène, courbée en
deux comme si elle eût été cassée aux reins par l'éternel mouvement du fer promené sur les toiles, on eût dit qu'elle avait pour
l'agonie une sorte d'amour monstrueux et cynique. Elle ne parlait jamais que des gens qu'elle avait vus mourir, de toutes les
60 variétés de trépas auxquelles elle avait assisté; et elle les racontait avec une grande minutie de détails toujours pareils, comme
un chasseur raconte ses coups de fusil.

Quand Honoré Bontemps entra chez elle, il la trouva prépa-
rant de l'eau bleue pour les collerettes des villageoises.

65   Il dit :

« Allons, bonsoir; ça va-t-il comme vous voulez, la mé
Rapet? »

Elle tourna vers lui la tête :

« Tout d'même, tout d'même. Et d' vot' part?

---

18. *Quéri :* quérir, chercher; 19. *S'éluger :* se faire du souci, s'inquiéter.

──────── **QUESTIONS** ────────

10. Quel est le sens de l'imparfait dans toute cette introduction?
Analysez la fonction descriptive et la fonction narrative de cet emploi. —
Comment les propos et les attitudes du médecin peignent-ils l'obstination têtue et sournoise du paysan? Montrez qu'il incarne ici une morale
étrangère aux préoccupations de Bontemps et de sa mère. — Notez
quelques procédés qui confèrent au dialogue vivacité et naturel.

70 — Oh! d'ma part, ça va-t-à volonté, mais c'est ma mé qui n'va point.

— Vot' mé?

— Oui, ma mé!

— Qué qu'alle[20] a votre mé?

75 — All' a qu'a va tourner d'l'œil!! »

La vieille femme retira ses mains de l'eau, dont les gouttes, bleuâtres et transparentes, lui glissaient jusqu'au bout des doigts, pour retomber dans le baquet.

Elle demanda, avec une sympathie subite :

80 « All' est si bas qu'ça?

— L'médecin dit qu'all' n'passera point la r'levée[21].

— Pour sûr qu'all' est bas alors! »

Honoré hésita. Il lui fallait quelques préambules pour la proposition qu'il préparait. Mais, comme il ne trouvait rien, il se
85 décida tout d'un coup :

« Comben qu'vous m'prendrez pour la garder jusqu'au bout? Vô savez que j'sommes point riches. J'peux seulement point m'payer eune servante. C'est ben ça qui l'a mise là, ma pauv' mé, trop d'élugement, trop d'fatigue! A travaillait comme dix,
90 nonobstant ses quatre-vingt-douze. On n'en fait pu de c'te graine-là!... »

La Rapet répliqua gravement :

« Y a deux prix : quarante sous l'jour, et trois francs la nuit pour les riches. Vingt sous l'jour et quarante la nuit pour
95 l'zautres. Vô m'donnerez vingt et quarante. »

Mais le paysan réfléchissait. Il la connaissait bien, sa mère. Il savait comme elle était tenace, vigoureuse, résistante. Ça pouvait durer huit jours, malgré l'avis du médecin.

Il dit résolument :

100 « Non. J'aime ben qu'vô me fassiez un prix, là, un prix pour jusqu'au bout. J'courrons la chance d'part et d'autre. L'médecin dit qu'alle passera tantôt. Si ça s'fait tant mieux pour vous, tant pis pour mé. Ma si all' tient jusqu'à demain ou pu longtemps tant mieux pour mé, tant pis pour vous! »

105 La garde, surprise, regardait l'homme. Elle n'avait jamais traité un trépas à forfait. Elle hésitait, tentée par l'idée d'une chance à courir. Puis elle soupçonna qu'on voulait la jouer.

« J'peux rien dire tant qu' j'aurai point vu vot' mé, répondit-elle.

---

20. *Alle* : elle ; 21. *R'levée* : voir note 13.

110 — V'nez-y, la vé[22]. »

Elle essuya ses mains et le suivit aussitôt.

En route, ils ne parlèrent point. Elle allait d'un pied pressé, tandis qu'il allongeait ses grandes jambes comme s'il devait, à chaque pas, traverser un ruisseau.

115 Les vaches couchées dans les champs, accablées par la chaleur, levaient lourdement la tête et poussaient un faible meuglement vers ces deux gens qui passaient, pour leur demander de l'herbe fraîche.

En approchant de sa maison, Honoré Bontemps murmura :
120 « Si c'était fini, tout d'même ? »

Et le désir inconscient qu'il en avait se manifesta dans le son de sa voix.

Mais la vieille n'était point morte. Elle demeurait sur le dos, en son grabat, les mains sur la couverture d'indienne[23] violette, 125 des mains affreusement maigres, nouées, pareilles à des bêtes étranges, à des crabes, et fermées par les rhumatismes, les fatigues, les besognes presque séculaires qu'elles avaient accomplies.

La Rapet s'approcha du lit et considéra la mourante. Elle 130 lui tâta le pouls, lui palpa la poitrine, l'écouta respirer, la questionna pour l'entendre parler ; puis l'ayant encore longtemps contemplée, elle sortit suivie d'Honoré. Son opinion était assise. La vieille n'irait pas à la nuit. Il demanda :

« Hé ben ? »

135 La garde répondit :

« Hé ben, ça durera deux jours, p'têt' trois. Vous me donnerez six francs, tout compris. »

Il s'écria :

« Six francs ! six francs ! Avez-vous perdu le sens ? Mé, je 140 vous dis qu'elle en a pour cinq ou six heures, pas plus ! »

Et ils discutèrent longtemps, acharnés tous deux. Comme la garde allait se retirer, comme le temps passait, comme son blé ne se rentrerait pas tout seul, à la fin, il consentit :

« Eh ben, c'est dit, six francs, tout compris, jusqu'à la l'vée 145 du corps.

— C'est dit, six francs. »

Et il s'en alla, à longs pas, vers son blé couché sur le sol, sous le lourd soleil qui mûrit les moissons.

La garde entra dans la maison.

---

22. Venez la voir là-bas ; 23. *Indienne :* voir note 8.

150 Elle avait apporté de l'ouvrage; car auprès des mourants et des morts elle travaillait sans relâche, tantôt pour elle, tantôt pour la famille qui l'employait à cette double besogne moyennant un supplément de salaire.

Tout à coup, elle demanda :

155 « Vous a-t-on administrée au moins, la mé Bontemps? »

La paysanne fit « non » de la tête; et la Rapet qui était dévote, se leva avec vivacité.

« Seigneur Dieu, c'est-il possible? J'vais quérir m'sieur l'curé. »

160 Et elle se précipita vers le presbytère, si vite, que les gamins, sur la place, la voyant trotter ainsi, crurent un malheur arrivé. **(11)**

Le prêtre s'en vint aussitôt, en surplis, précédé de l'enfant de chœur qui sonnait une clochette pour annoncer le passage de
165 Dieu dans la campagne brûlante et calme. Des hommes, qui travaillaient au loin, ôtaient leurs grands chapeaux et demeuraient immobiles en attendant que le blanc vêtement eût disparu derrière une ferme; les femmes qui ramassaient les gerbes se redressaient pour faire le signe de la croix, des poules noires,
170 effrayées, fuyaient le long des fossés en se balançant sur leurs pattes jusqu'au trou, bien connu d'elles, où elles disparaissaient brusquement; un poulain, attaché dans un pré, prit peur à la vue du surplis et se mit à tourner en rond au bout de sa corde, en lançant des ruades. L'enfant de chœur, en jupe rouge, allait
175 vite; et le prêtre, la tête inclinée sur une épaule et coiffé de sa barrette carrée, le suivait en murmurant des prières; et la Rapet venait derrière, toute penchée, pliée en deux comme pour se prosterner en marchant, et les mains jointes, comme à l'église.

Honoré, de loin, les vit passer. Il demanda :

180 « Oùsqu'i va, not' curé? »

─────── **QUESTIONS** ───────

11. Appréciez dans la présentation de la Rapet les effets finement conjugués du sarcasme et de la charge. Notez chez Bontemps les traits de la prudence, ceux de l'avarice et ceux de la ruse. — Les descriptions à intervalles réguliers du paysage extérieur ont-elles une utilité pour l'économie du récit? — Faites un plan de tout ce passage : montrez qu'il est construit autour d'un pivot central : la proposition du forfait. Etudiez les rôles respectifs de Bontemps et de la Rapet par rapport à cette proposition et soulignez les étapes par lesquelles passe la conclusion de leur marché. — Quelle impression produit la « dévotion » de la Rapet?

Son valet, plus subtil, répondit :

« I porte l'bon Dieu à ta mé, pardi! »

Le paysan ne s'étonna pas :

« Ça s'peut ben, tout d'même! »

185 Et il se remit au travail.

La mère Bontemps se confessa, reçut l'absolution, communia; et le prêtre s'en revint, laissant seules les deux femmes dans la chaumière étouffante. **(12)**

Alors la Rapet commença à considérer la mourante, en se
190 demandant si cela durerait longtemps.

Le jour baissait; l'air plus frais entrait par souffles plus vifs, faisait voltiger contre le mur une image d'Epinal tenue par deux épingles; les petits rideaux de la fenêtre, jadis blancs, jaunes maintenant et couverts de taches de mouche, avaient l'air de
195 s'envoler, de se débattre, de vouloir partir, comme l'âme de la vieille.

Elle, immobile, les yeux ouverts, semblait attendre avec indifférence la mort si proche qui tardait à venir. Son haleine, courte, sifflait un peu dans sa gorge serrée. Elle s'arrêterait tout à
200 l'heure, et il y aurait sur la terre une femme de moins, que personne ne regretterait.

A la nuit tombante, Honoré rentra. S'étant approché du lit, il vit que sa mère vivait encore, et il demanda :

« Ça va-t-il? »

205 Comme il faisait autrefois quand elle était indisposée.

Puis il renvoya la Rapet en lui recommandant :

« D'main, cinq heures, sans faute. »

Elle répondit :

« D'main, cinq heures. »

210 Elle arriva, en effet, au jour levant.

Honoré, avant de se rendre aux terres, mangeait sa soupe, qu'il avait faite lui-même.

La garde demanda :

« Eh ben, vot' mé a-t-all' passé? »

215 Il répondit, avec un pli au coin des yeux :

« All' va plutôt mieux. »

QUESTIONS

12. Qu'est-ce qui, dans la description du passage du prêtre, donne l'illusion du mouvement? Observez le vocabulaire, la construction et le rythme des propositions dans les phrases. — Dans quelle mesure cette scène fait-elle pendant à la scène avec le médecin? Décrivez brièvement l'attitude de Bontemps face au médecin et face à la religion.

Et il s'en alla.

La Rapet, saisie d'inquiétude, s'approcha de l'agonisante, qui demeurait dans le même état, oppressée et impassible, l'œil
220 ouvert et les mains crispées sur sa couverture.

Et la garde comprit que cela pouvait durer deux jours, quatre jours, huit jours ainsi ; et une épouvante étreignit son cœur d'avare, tandis qu'une colère furieuse la soulevait contre ce finaud qui l'avait jouée et contre cette femme qui ne mourait
225 pas.

Elle se mit au travail néanmoins et attendit, le regard fixé sur la face ridée de la mère Bontemps.

Honoré revint pour déjeuner ; il semblait content, presque goguenard ; puis il repartit. Il rentrait son blé, décidément, dans
230 des conditions excellentes. (13)

La Rapet s'exaspérait ; chaque minute écoulée lui semblait, maintenant, du temps volé, de l'argent volé. Elle avait envie, une envie folle de prendre par le cou cette vieille bourrique, cette vieille têtue, cette vieille obstinée, et d'arrêter, en serrant
235 un peu, ce petit souffle rapide qui lui volait son temps et son argent.

Puis elle réfléchit au danger ; et, d'autres idées lui passant par la tête, elle s'approcha du lit.

Elle demanda :

240 « Vous avez-t-il déjà vu l'Diable ? »

La mère Bontemps murmura :

« Non. »

Alors la garde se mit à causer, à lui conter des histoires pour terroriser son âme débile de mourante.

245 Quelques minutes avant qu'on expirât, le Diable apparaissait, disait-elle, à tous les agonisants. Il avait un balai à la main, une marmite sur la tête, et il poussait de grands cris. Quand on l'avait vu, c'était fini, on n'en avait plus que pour peu d'instants. Et elle énumérait tous ceux à qui le Diable était apparu devant
250 elle, cette année-là : Joséphin Loisel, Eulalie Ratier, Sophie Padagnau, Séraphine Grospied.

─────── **QUESTIONS** ───────

13. Ne peut-on déceler dans cet épisode quelques notations d'un discret pathétique ? — Par quoi se caractérisent les relations entre Honoré et la garde ? Le conte ne s'oriente-t-il pas désormais vers le récit d'une lutte où chaque protagoniste cherche à l'emporter sur l'autre ? Peut-on prévoir ici l'issue ?

La mère Bontemps, émue enfin, s'agitait, remuait les mains, essayait de tourner la tête pour regarder au fond de la chambre.

255 Soudain la Rapet disparut au pied du lit. Dans l'armoire, elle prit un drap et s'enveloppa dedans ; elle se coiffa de la marmite, dont les trois pieds courts et courbés se dressaient ainsi que trois cornes ; elle saisit un balai de sa main droite, et, de la main gauche, un seau de fer-blanc, qu'elle jeta brusquement en l'air pour qu'il retombât avec bruit.

260 Il fit, en heurtant le sol, un fracas épouvantable ; alors, grimpée sur une chaise, la garde souleva le rideau qui pendait au bout du lit, et elle apparut, gesticulant, poussant des clameurs aiguës au fond du pot de fer qui lui cachait la face, et menaçant de son balai, comme un diable de guignol, la vieille paysanne à 265 bout de vie.

Éperdue, le regard fou, la mourante fit un effort surhumain pour se soulever et s'enfuir ; elle sortit même de sa couche ses épaules et sa poitrine ; puis elle retomba avec un grand soupir. C'était fini.

270 Et la Rapet, tranquillement, remit en place tous les objets, le balai au coin de l'armoire, le drap dedans, la marmite sur le foyer, le seau sur la planche et la chaise contre le mur. Puis, avec les gestes professionnels, elle ferma les yeux énormes de la morte, posa sur le lit une assiette, versa dedans de l'eau du bénitier, 275 y trempa le buis cloué sur la commode et, s'agenouillant, se mit à réciter avec ferveur les prières des trépassés qu'elle savait par cœur, par métier. **(14)**

Et quand Honoré rentra, le soir venu, il la trouva priant, et il calcula tout de suite qu'elle gagnait encore vingt sous sur lui, 280 car elle n'avait passé que trois jours et une nuit, ce qui faisait en tout cinq francs, au lieu de six qu'il lui devait. **(15) (16)**

(5 août 1886.)

───── **QUESTIONS** ─────

14. Comment naît l'idée du crime dans l'esprit de la Rapet ? Par quels procédés de style Maupassant nous fait-il pénétrer dans les persées de la Rapet ? Notez en particulier l'usage des répétitions dans les six premières lignes de ce passage : que traduisent-elles ? — Relevez dans cet épisode les notations qui illustrent la prudence et l'ingéniosité de la Rapet ainsi que la cruauté de son subterfuge. Celui-ci était-il prévisible ? Est-il vraisemblable ? Est-il comique ? Évaluez les sens des expressions *C'était fini* et *avec ferveur* : quelle intention de l'écrivain recouvrent-elles également ?

15. La conclusion : ne permet-elle pas de définir le thème central du conte ?

Question 16, v. p. 43.

[LA BÊTE DANS L'HOMME]

IV

L'AVEUGLE[24]

Qu'est-ce donc que cette joie du premier soleil ? Pourquoi
cette lumière tombée sur la terre emplit-elle ainsi du bonheur
de vivre ? Le ciel est tout bleu, la campagne toute verte, les maisons toutes blanches ; et nos yeux ravis boivent ces couleurs
5 vives dont ils font de l'allégresse pour nos âmes. Et il nous vient
des envies de danser, des envies de courir, des envies de chanter,
une légèreté heureuse de la pensée, une sorte de tendresse
élargie, on voudrait embrasser le soleil.

Les aveugles sous les portes, impassibles en leur éternelle
10 obscurité, restent calmes comme toujours au milieu de cette
gaieté nouvelle, et, sans comprendre, ils apaisent à toute minute
leur chien qui voudrait gambader.

Quand ils rentrent, le jour fini, au bras d'un jeune frère ou
d'une petite sœur, si l'enfant dit : « Il fait bien beau tantôt ! »,
15 l'autre répond : « Je m'en suis bien aperçu, qu'il faisait beau,
Loulou ne tenait pas en place. »

J'ai connu un de ces hommes dont la vie fut un des plus cruels
martyres qu'on puisse rêver. **(17)**

C'était un paysan, le fils d'un fermier normand. Tant que le
20 père et la mère vécurent, on eut à peu près soin de lui ; il ne
souffrit guère que de son horrible infirmité ; mais dès que les
vieux furent partis, l'existence atroce commença. Recueilli par
une sœur, tout le monde dans la ferme le traitait comme un

---

24. Ce conte parut dans *le Gaulois* le 31 mars 1882.

———— QUESTIONS ————

16. SUR L'ENSEMBLE DU RÉCIT. — La composition : soulignez-en les
caractères « dramatiques » (succession de courtes scènes, stylisation des
personnages et des faits).
— Le comique : définissez la qualité du rire que provoque ce récit.
— Le naturalisme : quel rôle joue la mort dans cette peinture des paysans ?
— Comparez ce récit avec *le Vieux* : que peut-on déduire des ressem-
blances et des différences pour l'art de Maupassant ?

17. En quoi et comment le thème de ce prélude introduit-il le récit que
va faire l'auteur ? — Quels traits de sensibilité, voire de sensualité, peut-
on relever ici chez Maupassant ? — Si l'on rapproche ce passage de la
conclusion, que peut-on découvrir de la pensée et du tempérament de
l'auteur ?

gueux qui mange le pain des autres. A chaque repas, on lui
25 reprochait la nourriture ; on l'appelait fainéant, manant[25] ; et bien
que son beau-frère se fût emparé de sa part d'héritage, on lui
donnait à regret la soupe, juste assez pour qu'il ne mourût point.

Il avait une figure toute pâle, et deux grands yeux blancs
comme des pains à cacheter ; et il demeurait impassible sous
30 l'injure, tellement enfermé en lui-même qu'on ignorait s'il la
sentait. Jamais d'ailleurs il n'avait connu aucune tendresse, sa
mère l'ayant toujours un peu rudoyé, ne l'aimant guère ; car
aux champs les inutiles sont des nuisibles, et les paysans
feraient volontiers comme les poules qui tuent les infirmes
35 d'entre elles.

Sitôt la soupe avalée, il allait s'asseoir devant la porte en été,
contre la cheminée en hiver, et il ne remuait plus jusqu'au soir.
Il ne faisait pas un geste, pas un mouvement ; seules ses pau-
pières, qu'agitait une sorte de souffrance nerveuse, retom-
40 baient parfois sur la tache blanche de ses yeux. Avait-il un
esprit, une pensée, une conscience nette de sa vie ? Personne ne
se le demandait.

Pendant quelques années, les choses allèrent ainsi. Mais son
impuissance à rien faire autant que son impassibilité finirent
45 par exaspérer ses parents, et il devint un souffre-douleur, une
sorte de bouffon-martyr, de proie donnée à la férocité native,
à la gaieté sauvage des brutes qui l'entouraient.

On imagina toutes les farces cruelles que sa cécité put ins-
pirer. Et pour se payer de ce qu'il mangeait, on fit de ses repas
50 des heures de plaisir pour les voisins et de supplice pour l'im-
potent.

Les paysans des maisons prochaines s'en venaient à ce diver-
tissement ; on se le disait de porte en porte, et la cuisine de la
ferme se trouvait pleine chaque jour. Tantôt on posait sur la
55 table, devant son assiette où il commençait à puiser le bouillon,
quelque chat ou quelque chien. La bête avec son instinct flairait
l'infirmité de l'homme et, tout doucement, s'approchait, mangeait sans bruit, lapant avec délicatesse ; et quand un clapotis de
de langue un peu bruyant avait éveillé l'attention du pauvre
60 diable, elle s'écartait prudemment pour éviter le coup de
cuiller qu'il envoyait au hasard devant lui.

Alors c'étaient des rires, des poussées, des trépignements
des spectateurs tassés le long des murs. Et lui, sans jamais dire

---

25. *Manant* : voir note 5.

un mot, se remettait à manger de la main droite, tandis que, de
65 la gauche avancée, il protégeait et défendait son assiette.

Tantôt on lui faisait mâcher des bouchons, du bois, des
feuilles ou même des ordures, qu'il ne pouvait distinguer.

Puis, on se lassa même des plaisanteries ; et le beau-frère
enrageant de toujours le nourrir, le frappa, le gifla sans cesse,
70 riant des efforts inutiles de l'autre pour parer les coups ou les
rendre. Ce fut alors un jeu nouveau : le jeu des claques. Et les
valets de charrue, le goujat[26], les servantes, lui lançaient à tout
moment leur main par la figure, ce qui imprimait à ses pau-
pières un mouvement précipité. Il ne savait où se cacher et
75 demeurait sans cesse les bras étendus pour éviter les approches.

Enfin, on le contraignit à mendier. On le postait sur les routes
les jours de marché, et, dès qu'il entendait un bruit de pas ou
le roulement d'une voiture, il tendait son chapeau en balbutiant :
« La charité, s'il vous plaît. »
80 Mais le paysan n'est pas prodigue, et, pendant des semaines
entières, il ne rapportait pas un sou.

Ce fut alors contre lui une haine déchaînée, impitoyable. Et
voici comme il mourut. (18)

Un hiver, la terre était couverte de neige, et il gelait horri-
85 blement. Or, son beau-frère, un matin, le conduisit fort loin
sur une grande route pour lui faire demander l'aumône. Il l'y
laissa tout le jour, et quand la nuit fut venue, il affirma devant
ses gens qu'il ne l'avait plus retrouvé. Puis, il ajouta : « Bast !
faut pas s'en occuper, quelqu'un l'aura emmené parce qu'il avait
90 froid. Pardié ! i n'est pas perdu. I reviendra ben d'main manger
la soupe. »

Le lendemain, il ne revint pas.

---

26. *Goujat.* Ce terme désignait à l'origine un valet d'armée. Il s'applique
aussi à l'apprenti qui aide le maçon en portant les matériaux. Par extension,
le mot a pris une acception négative : il veut dire homme rustre et mal-
honnête. A la ferme, le goujat est un domestique, sans nuance de sens péjoratif.

QUESTIONS

18. La description de l'aveugle : qu'est-ce qui le désigne à la méchanceté de son entourage ? — Le martyre : notez les phases successives
d'un sadisme croissant et contagieux dans les mauvais traitements infligés
à l'infirme (appréciez en particulier l'emploi des mots de coordination). A
quels mobiles les paysans obéissent-ils ? — Analysez par quels moyens
stylistiques l'auteur dépeint un comportement propre à toute une collectivité sociale qui partage les mêmes mœurs et les mêmes passions que la
famille de l'aveugle. — Le récit : l'auteur fait implicitement appel au
jugement du lecteur ; prouvez-le par des exemples précis.

Après de longues heures d'attente, saisi par le froid, se sentant mourir, l'aveugle s'était mis à marcher. Ne pouvant recon-
95 naître la route ensevelie sous cette écume de glace, il avait erré
au hasard, tombant dans les fossés, se relevant, toujours muet,
cherchant une maison.

Mais l'engourdissement des neiges l'avait peu à peu envahi,
et, ses jambes faibles ne le pouvant plus porter, il s'était assis
100 au milieu d'une plaine. Il ne se releva point.

Les blancs flocons qui tombaient toujours l'ensevelirent. Son
corps raidi disparut sous l'incessante accumulation de leur
foule infinie ; et rien n'indiquait plus la place où le cadavre
était couché.

105 Ses parents firent mine de s'enquérir et de le chercher pendant huit jours. Ils pleurèrent même.

L'hiver était rude et le dégel n'arrivait pas vite. Or, un
dimanche, en allant à la messe, les fermiers remarquèrent un
grand vol de corbeaux qui tournoyaient sans fin au-dessus de la
110 plaine, puis s'abattaient comme une pluie noire en tas à la même
place, repartaient et revenaient toujours.

La semaine suivante, ils étaient encore là, les oiseaux sombres.
Le ciel en portait un nuage comme s'ils se fussent réunis de tous
les coins de l'horizon ; et ils se laissaient tomber avec de grands
115 cris dans la neige éclatante, qu'ils tachaient étrangement et
fouillaient avec obstination.

Un gars alla voir ce qu'ils faisaient, et découvrit le corps de
l'aveugle, à moitié dévoré déjà, déchiqueté. Ses yeux pâles
avaient disparu, piqués par les longs becs voraces. **(19)**
120 Et je ne puis jamais ressentir la vive gaieté des jours de
soleil, sans un souvenir triste et une pensée mélancolique vers le
gueux, si déshérité dans la vie que son horrible mort fut un sou-
lagement pour tous ceux qui l'avaient connu. **(20) (21)**

(31 mars 1882.)

──────── **QUESTIONS** ────────

19. Tous les éléments d'un crime parfait se trouvent réunis : quels
sont-ils ? Qu'est-ce qui éveille les soupçons du lecteur (attitude du beau-
frère face à l'opinion, mort de l'aveugle) ? Relevez la phrase par laquelle
Maupassant dénonce l'homicide volontaire. — Comparez le dernier
tableau à celui sur lequel s'ouvrait le conte.

20. Quelle nuance de sentiment perce dans cette réflexion de l'auteur ?
Pourquoi le *je* a-t-il remplacé le *nous* du début ?
Question 21, v. p. 47.

V

LE BAPTÊME[27]

« Allons, Docteur, un peu de cognac.

— Volontiers. »

Et le vieux médecin de marine, ayant tendu son petit verre, regarda monter jusqu'aux bords le joli liquide aux reflets dorés.

5 Puis il l'éleva à la hauteur de l'œil, fit passer dedans la clarté de la lampe, le flaira, en aspira quelques gouttes qu'il promena longtemps sur sa langue et sur la chair humide et délicate du palais, puis il dit :

Oh! le charmant poison! Ou, plutôt, le séduisant meurtrier,
10 le délicieux destructeur de peuples!

Vous ne le connaissez pas, vous autres. Vous avez lu, il est vrai, cet admirable livre qu'on nomme *l'Assommoir*[28], mais vous n'avez pas vu, comme moi, l'alcool exterminer une tribu de sauvages, un petit royaume de nègres, l'alcool apporté par tonne-
15 lets rondelets que débarquaient d'un air placide des matelots anglais aux barbes rousses.

Mais tenez, j'ai vu, de mes yeux vu, un drame de l'alcool bien étrange et bien saisissant, et tout près d'ici, en Bretagne, dans un petit village aux environs de Pont-l'Abbé.

20 J'habitais alors, pendant un congé d'un an, une maison de campagne que m'avait laissée mon père. Vous connaissez cette côte plate où le vent siffle dans les ajoncs, jour et nuit, où l'on voit par places, debout ou couchées, ces énormes pierres qui furent des dieux et qui ont gardé quelque chose d'inquiétant
25 dans leur posture, dans leur allure, dans leur forme. Il me

---

27. Ce conte a été publié dans *Gil Blas* le 13 janvier 1885 ; 28. Œuvre de Zola publiée en 1877, dans laquelle l'écrivain fait la peinture du monde ouvrier et des ravages de l'alcool. On peut saisir l'intention naturaliste de Maupassant à travers cette allusion au chef de l'école naturaliste et au roman qui illustre magistralement la thèse déterministe de Zola.

--- **QUESTIONS** ---

21. SUR L'ENSEMBLE DU RÉCIT. — La composition : comment le récit d'un martyre a-t-il été orienté vers la satire des hommes ? Comparez ce conte avec *le Gueux*, dont le thème est identique, mais où l'accent est mis au contraire sur la détresse du déshérité.

— La vision de l'humanité : précisez-en les caractères naturalistes (étude de milieu, comportements de groupe, affirmation latente d'un déterminisme social). Qu'est-ce qui donne au récit le caractère d'un souvenir personnel vécu ? Pourquoi Maupassant l'a-t-il voulu ainsi ?

semble toujours qu'elles vont s'animer, et que je vais les voir partir par la campagne, d'un pas lent et pesant, de leur pas de colosses de granit, ou s'envoler avec leurs ailes immenses, des ailes de pierre, vers le paradis des Druides[29].

30 La mer enferme et domine l'horizon, la mer remuante, pleine d'écueils aux têtes noires, toujours entourés d'une bave d'écume, pareils à des chiens qui attendraient les pêcheurs.

Et eux, les hommes, ils s'en vont sur cette mer terrible qui retourne leurs barques d'une secousse de son dos verdâtre et 35 les avale comme des pilules. Ils s'en vont dans leurs petits bateaux, le jour et la nuit, hardis, inquiets, et ivres. Ivres, ils le sont bien souvent. « Quand la bouteille est pleine, disent-ils, on voit l'écueil ; mais quand elle est vide, on ne le voit plus. »

Entrez dans ces chaumières. Jamais vous ne trouverez le père. 40 Et si vous demandez à la femme ce qu'est devenu son homme, elle tendra les bras sur la mer sombre qui grogne et crache sa salive blanche le long du rivage. Il est resté dedans un soir qu'il avait bu un peu trop. Et le fils aîné aussi. Elle a encore quatre garçons, quatre grands gars blonds et forts. A bientôt leur 45 tour. **(22)**

J'habitais donc une maison de campagne près de Pont-l'Abbé. J'étais là, seul avec mon domestique, un ancien marin, et une famille bretonne qui gardait la propriété en mon absence. Elle se composait de trois personnes, deux sœurs et un homme qui 50 avait épousé l'une d'elles, et qui cultivait mon jardin.

Or, cette année-là, vers Noël, la compagne de mon jardinier accoucha d'un garçon.

Le mari vint me demander d'être parrain. Je ne pouvais guère refuser, et il m'emprunta dix francs pour les frais d'église, 55 disait-il.

---

29. *Druides* : anciens prêtres gaulois et bretons.

——— QUESTIONS ———

22. Précisez l'importance, pour la signification, le ton et la portée du récit, du métier et de l'âge du conteur. — L'atmosphère de l'entretien : comment le souvenir qui va être raconté remonte-t-il à la mémoire du narrateur ? Expliquez comment le jugement du médecin oriente déjà celui du lecteur et prépare non seulement l'intérêt dramatique, mais encore la « leçon » du conte. — Sur quel contraste est bâtie toute cette introduction ? — Quels sont les deux aspects essentiels de la terre bretonne auxquels le conteur s'attarde dans sa description ? Pourquoi ? Comment peut alors s'expliquer le rôle de l'alcool ? Relevez les traits fantastiques et réalistes de la description. Sont-ils incompatibles ?

La cérémonie fut fixée au deux janvier. Depuis huit jours la terre était couverte de neige, d'un immense tapis livide et dur qui paraissait illimité sur ce pays plat et bas. La mer semblait noire, au loin derrière la plaine blanche ; et on la voyait s'agiter, hausser son dos, rouler ses vagues, comme si elle eût voulu se jeter sur sa pâle voisine, qui avait l'air d'être morte, elle si calme, si morne, si froide.

A neuf heures du matin, le père Kérandec arriva devant ma porte avec sa belle-sœur, la grande Kermagan, et la garde qui portait l'enfant roulé dans une couverture.

Et nous voilà partis vers l'église. Il faisait un froid à fendre les dolmens[30], un de ces froids déchirants qui cassent la peau et font souffrir horriblement de leur brûlure de glace. Moi je pensais au pauvre petit être qu'on portait devant nous, et je me disais que cette race bretonne était de fer, vraiment, pour que ses enfants fussent capables, dès leur naissance, de supporter de pareilles promenades.

Nous arrivâmes devant l'église, mais la porte en demeurait fermée. M. le curé était en retard.

Alors la garde, s'étant assise sur une des bornes, près du seuil, se mit à dévêtir l'enfant. Je crus d'abord qu'il avait mouillé ses linges, mais je vis qu'on le mettait nu, tout nu, le misérable, tout nu, dans l'air gelé. Je m'avançai, révolté d'une telle imprudence.

« Mais vous êtes folle ! Vous allez le tuer ! »

La femme répondit placidement : « Oh non, m'sieur not' maître, faut qu'il attende l' bon Dieu tout nu. »

Le père et la tante regardaient cela avec tranquillité. C'était l'usage. Si on ne l'avait pas suivi, il serait arrivé malheur au petit.

Je me fâchai, j'injuriai l'homme, je menaçai de m'en aller, je voulus couvrir de force la frêle créature. Ce fut en vain. La garde se sauvait devant en courant dans la neige, et le corps du mioche devenait violet.

J'allais quitter ces brutes quand j'aperçus le curé arrivant par la campagne suivi du sacristain et d'un gamin du pays.

Je courus vers lui et je lui dis, avec violence, mon indignation. Il ne fut point surpris, il ne hâta pas sa marche, il ne pressa point ses mouvements. Il répondit :

---

30. *Dolmen* : monument préhistorique formé de gros blocs de pierre : l'un horizontal, posé sur deux autres dressés verticalement.

« Que voulez-vous, Monsieur, c'est l'usage. Ils le font tous, nous ne pouvons empêcher ça.

— Mais au moins, dépêchez-vous », criai-je.

Il reprit :

« Je ne peux pourtant pas aller plus vite. »

100 Et il entra dans la sacristie, tandis que nous demeurions sur le seuil de l'église où je souffrais, certes, davantage que le pauvre petit qui hurlait sous la morsure du froid.

La porte enfin s'ouvrit. Nous entrâmes. Mais l'enfant devait rester nu pendant toute la cérémonie.

105 Elle fut interminable. Le prêtre ânonnait les syllabes latines qui tombaient de sa bouche, scandées à contresens. Il marchait avec lenteur, avec une lenteur de tortue sacrée ; et son surplis blanc me glaçait le cœur, comme une autre neige dont il se fût enveloppé pour faire souffrir, au nom d'un Dieu inclément et 110 barbare, cette larve humaine que torturait le froid.

Le baptême enfin fut achevé selon les rites, et je vis la garde rouler de nouveau dans la longue couverture l'enfant glacé qui gémissait d'une voix aiguë et douloureuse.

Le curé me dit : « Voulez-vous venir signer le registre ? »

115 Je me tournai vers mon jardinier : « Rentrez bien vite, maintenant, et réchauffez-moi cet enfant-là tout de suite. » Et je lui donnai quelques conseils pour éviter, s'il en était temps encore, une fluxion de poitrine.

L'homme promit d'exécuter mes recommandations, et il s'en 120 alla avec sa belle-sœur et la garde. Je suivis le prêtre dans la sacristie.

Quand j'eus signé, il me réclama cinq francs pour les frais.

Ayant donné dix francs au père, je refusai de payer de nouveau. Le curé menaça de déchirer la feuille et d'annuler la céré- 125 monie. Je le menaçai à mon tour du Procureur de la République.

La querelle fut longue, je finis par payer.

A peine rentré chez moi, je voulus savoir si rien de fâcheux n'était survenu. Je courus chez Kérandec, mais le père, la belle-sœur et la garde n'étaient pas encore revenus.

130 L'accouchée, restée toute seule, grelottait de froid dans son lit, et elle avait faim, n'ayant rien mangé depuis la veille.

« Où diable sont-ils partis ? » demandai-je. Elle répondit sans s'étonner, sans s'irriter : « Ils auront été bé pour fêter. » C'était l'usage. Alors, je pensai à mes dix francs qui devaient payer 135 l'église et qui payeraient l'alcool, sans doute.

J'envoyai du bouillon à la mère et j'ordonnai qu'on fît bon

« Ils allaient au-devant des invités [...] et les ramenaient dans leur voiture,
guettant les compliments sur leur pays, sur la végétation. »
(Page 60, lignes 54-56.)

Paysage normand.

feu dans sa cheminée. J'étais anxieux et furieux, me promettant
bien de chasser ces brutes et me demandant avec terreur ce
qu'allait devenir le misérable mioche.

140   A six heures du soir, ils n'étaient pas revenus.

J'ordonnai à mon domestique de les attendre, et je me cou-
chai.

Je m'endormis bientôt, car je dors comme un vrai matelot.

Je fus réveillé, dès l'aube, par mon serviteur, qui m'apportait
145 l'eau chaude pour ma barbe.

Dès que j'eus les yeux ouverts, je demandai : « Et Kérandec ? »

L'homme hésitait, puis il balbutia : « Oh! il est rentré, Monsieur, à minuit passé, et soûl à ne pas marcher, et la grande
150 Kermagan aussi, et la garde aussi. Je crois bien qu'ils avaient
dormi dans un fossé, de sorte que le p'tit était mort, qu'ils s'en
sont pas même aperçus. »

Je me levai d'un bond, criant :

« L'enfant est mort!

155   — Oui, Monsieur. Ils l'ont rapporté à la mère Kérandec.
Quand elle a vu ça, elle s'a mise à pleurer; alors ils l'ont fait
boire pour la consoler.

— Comment, ils l'ont fait boire?

— Oui, Monsieur. Mais j'ai su ça seulement au matin, tout
160 à l'heure. Comme Kérandec n'avait pu d'eau-de-vie et pu d'argent, il a pris l'essence de la lampe que Monsieur lui a donnée;
et ils ont bu ça tous les quatre, tant qu'il en est resté dans le
litre. Même que la Kérandec est bien malade.

J'avais passé mes vêtements à la hâte, et saisissant une canne,
165 avec la résolution de taper sur toutes ces bêtes humaines, je
courus chez mon jardinier.

L'accouchée agonisait soûle d'essence minérale, à côté du
cadavre bleu de son enfant.

Kérandec, la garde et la grande Kermagan ronflaient sur le
170 sol.

Je dus soigner la femme qui mourut vers midi. **(23)**

Le vieux médecin s'était tu. Il reprit la bouteille d'eau-de-vie,
s'en versa un nouveau verre, et ayant encore fait courir à travers la liqueur blonde la lumière des lampes qui semblait mettre

—— **QUESTIONS** ——

Question 23, v. p. 53.

175 en son verre un jus clair de topazes fondues, il avala, d'un trait, le liquide perfide et chaud. **(24) (25)**

(13 janvier 1885.)

VI

UNE FAMILLE[31]

J'allais revoir mon ami Simon Radevin que je n'avais point aperçu depuis quinze ans.

Autrefois c'était mon meilleur ami, l'ami de ma pensée, celui avec qui on passe les longues soirées tranquilles et gaies, 5 celui à qui on dit les choses intimes du cœur, pour qui on trouve, en causant doucement, les idées rares, fines, ingénieuses, délicates, nées de la sympathie même qui excite l'esprit et le met à l'aise.

---

31. Cette nouvelle parut dans *Gil Blas* le 3 août 1886.

--- **QUESTIONS** ---

23. Établissez le plan de ce passage en délimitant les étapes successives du drame. Définissez la progression selon laquelle il se développe. — L'opposition entre l'attitude du médecin et celle des Bretons : quels sont les mobiles de l'indignation du médecin ? Pourquoi restent-ils impénétrables à la garde et au père de l'enfant ? Ne s'agit-il pas de l'incommunicabilité de deux mentalités incompréhensibles l'une à l'autre ? — La lenteur du curé : est-elle mauvaise volonté, indifférence ou fatalisme ? Montrez que la cérémonie du baptême est dépeinte comme un rite obscur et barbare dénué de toute signification chrétienne. Comment s'explique cette vision ? Ne comporte-t-elle pas aussi une accusation d'une portée générale sur la fonction et le sens de la religion ? — La querelle du médecin et du curé : n'a-t-elle pas des raisons psychologiques autant que matérielles ? Qu'ajoute-t-elle à ce qui précède ? — Les rebondissements successifs du drame : notez les caractères proprement tragiques du dénouement. — Le témoignage du domestique constitue un procédé d'inspiration classique : en quoi ? — L'alcool est-il seul responsable des malheurs survenus ?

24. Pourquoi l'auteur se dispense-t-il de formuler un jugement ? — Analysez la portée récurrente des deux adjectifs *perfide* et *chaud*.

25. SUR L'ENSEMBLE DU RÉCIT. — Le point de vue adopté pour le récit : montrez que c'est celui d'un être évolué face à un monde primitif.

— Dressez la liste des expressions par lesquelles s'exprime un jugement de valeur.

— La composition : il s'agit de l'illustration d'une thèse, produit d'une observation morale sur une expérience vécue ; à quoi cela se voit-il ?

— Le naturalisme : comment s'ordonne l'importance respective de chacune des différentes causes du drame (misère, ignorance, superstition, alcoolisme, avilissement) indissolublement liées ?

— La signification : qu'est-ce qui domine le récit : la pitié ou la colère ?

Pendant bien des années, nous ne nous étions guère quittés.
10 Nous avions vécu, voyagé, songé, rêvé ensemble, aimé les
choses d'un même amour, admiré les mêmes livres, compris
les mêmes œuvres, frémi des mêmes sensations, et si souvent
ri des mêmes êtres que nous nous comprenions complètement,
rien qu'en échangeant un coup d'œil.

15 Puis il s'était marié. Il avait épousé tout à coup une fillette
de province venue à Paris pour chercher un fiancé. Comment
cette petite blondasse, maigre, aux mains niaises, aux yeux
clairs et vides, à la voix fraîche et bête, pareille à cent mille pou-
pées à marier, avait-elle cueilli ce garçon intelligent et fin ? Peut-
20 on comprendre ces choses-là ? Il avait sans doute espéré le bonheur, lui, le bonheur simple, doux et long entre les bras d'une
femme bonne, tendre et fidèle ; et il avait entrevu cela, dans le
regard transparent de cette gamine aux cheveux pâles.

Il n'avait pas songé que l'homme actif, vivant et vibrant, se
25 fatigue de tout dès qu'il a saisi la stupide réalité, à moins qu'il
ne s'abrutisse au point de ne plus rien comprendre.

Comment allai-je le retrouver ? Toujours vif, spirituel, rieur
et enthousiaste, ou bien endormi par la vie provinciale ? Un
homme peut changer en quinze ans ! (26)

30 Le train s'arrêta dans une petite gare. Comme je descendais
de wagon, un gros, très gros homme, aux joues rouges, au
ventre rebondi, s'élança vers moi, les bras ouverts, en criant :
« Georges. » Je l'embrassai, mais je ne l'avais pas reconnu.
Puis je murmurai stupéfait : « Cristi[32], tu n'as pas maigri. » Il
35 répondit en riant : « Que veux-tu ? La bonne vie ! la bonne table !
les bonnes nuits ! Manger et dormir voilà mon existence ! »

Je le contemplai, cherchant dans cette large figure les traits
aimés. L'œil seul n'avait point changé ; mais je ne retrouvais
plus le regard et je me disais : « S'il est vrai que le regard est
40 le reflet de la pensée, la pensée de cette tête-là n'est plus celle
d'autrefois, celle que je connaissais si bien. »

---

32. *Cristi :* abréviation de *sacristi,* juron qui exprime l'étonnement.

═══════ QUESTIONS ═══════

26. Analysez la composition de cette introduction. S'agit-il seulement d'un rappel du passé ? Expliquez par quels procédés le narrateur
crée l'illusion d'un discours intérieur : observez en particulier la composition, l'emploi des temps et la structure des phrases. — L'art de la présentation : comment ce début prépare-t-il l'intérêt du récit ?

L'œil brillait pourtant, plein de joie et d'amitié; mais il n'avait plus cette clarté intelligente qui exprime, autant que la parole, la valeur d'un esprit.

45 Tout à coup, Simon me dit :

« Tiens, voici mes deux aînés. »

Une fillette de quatorze ans, presque femme, et un garçon de treize ans, vêtu en collégien, s'avancèrent d'un air timide et gauche.

50 Je murmurai : « C'est à toi? »

Il répondit en riant : « Mais, oui.

— Combien en as-tu donc?

— Cinq! Encore trois restés à la maison! »

Il avait répondu cela d'un air fier, content, presque triom-
55 phant; et moi je me sentais saisi d'une pitié profonde, mêlée d'un vague mépris, pour ce reproducteur orgueilleux et naïf qui passait ses nuits à faire des enfants entre deux sommes, dans sa maison de province, comme un lapin dans une cage.

Je montai dans une voiture qu'il conduisait lui-même et nous
60 voici partis à travers la ville, triste ville, somnolente et terne où rien ne remuait par les rues, sauf quelques chiens et deux ou trois bonnes. De temps en temps, un boutiquier, sur sa porte, ôtait son chapeau; Simon rendait le salut et nommait l'homme pour me prouver sans doute qu'il connaissait tous les habi-
65 tants par leur nom. La pensée me vint qu'il songeait à la députa-
tion, ce rêve de tous les enterrés de province.

On eut vite traversé la cité, et la voiture entra dans un jardin qui avait des prétentions de parc, puis s'arrêta devant une maison à tourelles qui cherchait à passer pour un château.

70 « Voilà mon trou », disait Simon, pour obtenir un compli-
ment.

Je répondis :

« C'est délicieux. »

Sur le perron, une dame apparut, parée pour la visite, coiffée
75 pour la visite, avec des phrases prêtes pour la visite. Ce n'était plus la fillette blonde et fade que j'avais vue à l'église quinze ans plus tôt, mais une grosse dame à falbalas et à frisons, une de ces dames sans âge, sans caractère, sans élégance, sans esprit, sans rien de ce qui constitue une femme. C'était une mère, enfin,
80 une grosse mère banale, la pondeuse, la poulinière humaine, la machine de chair qui procrée sans autre préoccupation dans l'âme que ses enfants et son livre de cuisine.

Elle me souhaita la bienvenue et j'entrai dans le vestibule où

trois mioches alignés par rang de taille semblaient placés là pour
85 une revue comme des pompiers devant un maire.

Je dis :

« Ah ! ah ! voici les autres ? »

Simon, radieux, les nomma « Jean, Sophie et Gontran ».
La porte du salon était ouverte. J'y pénétrai et j'aperçus au
90 fond d'un fauteuil quelque chose qui tremblotait, un homme,
un vieux homme paralysé.

Mme Radevin s'avança :

« C'est mon grand-père, Monsieur. Il a quatre-vingt-
sept ans.»
95 Puis elle cria dans l'oreille du vieillard trépidant : « C'est un
ami de Simon, papa. » L'ancêtre fit un effort pour me dire bonjour et il vagit : « Oua, oua, oua » en agitant sa main. Je
répondis : « Vous êtes trop aimable, Monsieur », et je tombai
sur un siège.
100 Simon venait d'entrer ; il riait :

« Ah ! ah ! tu as fait la connaissance de bon papa. Il est
impayable, ce vieux ; c'est la distraction des enfants. Il est gourmand, mon cher, à se faire mourir à tous les repas. Tu ne te
figures point ce qu'il mangerait si on le laissait libre. Mais tu
105 verras, tu verras. Il fait de l'œil aux plats sucrés comme si
c'étaient des demoiselles. Tu n'as jamais rien rencontré de plus
drôle, tu verras tout à l'heure. »

Puis on me conduisit dans ma chambre, pour faire ma toilette, car l'heure du dîner approchait. J'entendais dans l'escalier
110 un grand piétinement et je me retournai. Tous les enfants me
suivaient en procession, derrière leur père, sans doute pour me
faire honneur.

Ma chambre donnait sur la plaine, une plaine sans fin, toute
nue, un océan d'herbes, de blés et d'avoine, sans un bouquet
115 d'arbres ni un coteau, image saisissante et triste de la vie qu'on
devait mener dans cette maison.

Une cloche sonna. C'était pour le dîner. Je descendis. **(27)**

Mme Radevin prit mon bras d'un air cérémonieux et on passa
dans la salle à manger. Un domestique roulait le fauteuil du
120 vieux, qui, à peine placé devant son assiette, promena sur le
dessert un regard avide et curieux en tournant avec peine, d'un
plat vers l'autre, sa tête branlante.

QUESTIONS

Question 27, v. p. 57.

Alors Simon se frotta les mains : « Tu vas t'amuser », me
dit-il. Et tous les enfants, comprenant qu'on allait me donner le
125 spectacle de grand-papa gourmand, se mirent à rire en même
temps, tandis que leur mère souriait seulement en haussant les
épaules.

Radevin se mit à hurler vers le vieillard en formant porte-
voix de ses mains :

130 « Nous avons ce soir de la crème au riz sucré. »

La face ridée de l'aïeul s'illumina et il trembla plus fort de
haut en bas, pour indiquer qu'il avait compris et qu'il était
content.

Et on commença à dîner.

135 « Regarde », murmura Simon. Le grand-père n'aimait pas
la soupe et refusait d'en manger. On l'y forçait, pour sa santé ;
et le domestique lui enfonçait de force dans la bouche la cuiller
pleine, tandis qu'il soufflait avec énergie, pour ne pas avaler le
bouillon rejeté ainsi en jet d'eau sur la table et sur ses voisins.

140 Les petits enfants se tordaient de joie, tandis que leur père,
très content, répétait : « Est-il drôle, ce vieux ? »

Et tout le long du repas on ne s'occupa que de lui. Il dévorait
du regard les plats posés sur la table ; et de sa main follement
agitée essayait de les saisir et de les attirer à lui. On les posait
145 presque à portée pour voir ses efforts éperdus, son élan tremblotant vers eux, l'appel désolé de tout son être, de son œil, de
sa bouche, de son nez qui les flairait. Et il bavait d'envie sur sa
serviette en poussant des grognements inarticulés. Et toute la
famille se réjouissait de ce supplice odieux et grotesque.

150 Puis on lui servait sur son assiette un tout petit morceau qu'il
mangeait avec une gloutonnerie fiévreuse, pour avoir plus vite
autre chose.

───────── **QUESTIONS** ─────────

27. Étudiez dans tout ce passage la succession des faits. Énumérez les
différentes séquences de cette succession : qu'en concluez-vous ? Montrez également que chacun de ces moments constitue une courte scène
où se précise un trait particulier de la personnalité et du mode de vie
de S. Radevin. Comment se fait la liaison entre ces courtes scènes ? — Les
personnages : en quoi la description relève-t-elle de l'esthétique naturaliste ? Quel rôle joue le dialogue dans cette peinture ? Qu'y a-t-il de
comique dans l'attitude des enfants et de leur mère ? — Les lieux : la
ville ; dans quelle mesure reflète-t-elle la mentalité provinciale ? Pourquoi n'est-elle pas située géographiquement ? — La maison : comment le
narrateur suggère-t-il la psychologie de ses habitants ? — Le paysage : la
tristesse en est-elle l'unique caractère ? — Le jugement du narrateur :
la narration est-elle objective ? Donnez des exemples précis.

Quand arriva le riz sucré, il eut presque une convulsion. Il gémissait de désir.

155 Gontran lui cria : « Vous avez trop mangé, vous n'en aurez pas. » Et on fit semblant de ne lui en point donner.

Alors il se mit à pleurer. Il pleurait en tremblant plus fort, tandis que tous les enfants riaient.

On lui apporta enfin sa part, une toute petite part ; et il fit, en
160 mangeant la première bouchée de l'entremets, un bruit de gorge comique et glouton, et un mouvement du cou pareil à celui des canards qui avalent un morceau trop gros.

Puis, quand il eut fini, il se mit à trépigner pour en obtenir encore.

165 Pris de pitié devant la torture de ce Tantale[33] attendrissant et ridicule, j'implorai pour lui : « Voyons, donne-lui encore un peu de riz ? »

Simon répondit : « Oh ! non, mon cher, s'il mangeait trop, à son âge, ça pourrait lui faire mal. »

170 Je me tus, rêvant sur cette parole. O morale, ô logique, ô sagesse ! A son âge ! Donc, on le privait du seul plaisir qu'il pouvait encore goûter, par souci de sa santé ! Sa santé ! qu'en ferait-il, ce débris inerte et tremblotant ? On ménageait ses jours, comme on dit ? Ses jours ? Combien de jours ? Dix, vingt, cin-
175 quante ou cent ? Pourquoi ? Pour lui ? ou pour conserver plus longtemps à la famille le spectacle de sa gourmandise impuissante ?

Il n'avait plus rien à faire en cette vie, plus rien. Un seul désir lui restait, une seule joie ; pourquoi ne pas lui donner entiè-
180 rement cette joie dernière, la lui donner jusqu'à ce qu'il en mourût ? **(28)**

Puis, après une longue partie de cartes, je montai dans ma chambre pour me coucher : j'étais triste, triste, triste !

---

33. *Tantale* : roi de Lydie, condamné par Jupiter au supplice de la faim et de la soif parce qu'il avait servi aux dieux, afin d'éprouver leur divinité, les membres de son propre fils.

--- **QUESTIONS** ---

28. Quel rôle joue la scène du dîner par rapport à l'ensemble du récit ? Comparez son importance avec toutes les autres scènes. — Le supplice du vieillard : notez les détails réalistes de la description. Relevez les traits d'un sadisme raffiné et hypocrite dans le comportement de la famille. Remarquez la variété des procédés par lesquels s'exprime durant toute cette scène la pitié du narrateur. — Qu'apporte cette scène au portrait de S. Radevin ?

Et je me mis à ma fenêtre. On n'entendait rien au dehors
185 qu'un très léger, très doux, très joli gazouillement d'oiseau dans
un arbre, quelque part. Cet oiseau devait chanter ainsi, à voix
basse, dans la nuit, pour bercer sa femelle endormie sur ses
œufs.

Et je pensai aux cinq enfants de mon pauvre ami, qui devait
190 ronfler maintenant aux côtés de sa vilaine femme. **(29) (30)**

(3 août 1886.)

[L'HUMANITÉ DÉRISOIRE OU L'HUMAINE COMÉDIE]

VII

L'AMI JOSEPH[34]

On s'était connu intimement pendant tout l'hiver à Paris.
Après s'être perdus de vue, comme toujours, à la sortie du collège, les deux amis s'étaient retrouvés, un soir, dans le monde,
déjà vieux et blanchis, l'un garçon, l'autre marié.

5 M. de Méroul habitait six mois Paris, et six mois son petit
château de Tourbeville. Ayant épousé la fille d'un châtelain des
environs, il avait vécu d'une vie paisible et bonne dans l'indo-
lence d'un homme qui n'a rien à faire. De tempérament calme
et d'esprit rassis, sans audaces d'intelligence, ni révoltes indé-
10 pendantes, il passait son temps à regretter doucement le passé,
à déplorer les mœurs et les institutions d'aujourd'hui, et à répé-
ter à tout moment à sa femme, qui levait les yeux au ciel, et
parfois aussi les mains en signe d'assentiment énergique : « Sous
quel gouvernement vivons-nous, mon Dieu? »

15 Mme de Méroul ressemblait intellectuellement à son mari,

---

34. Ce conte parut dans *le Gaulois* le 3 juin 1883.

────── **QUESTIONS** ──────

29. Pourquoi la partie de cartes n'est-elle pas racontée? Quelles sont
les raisons de la tristesse du narrateur? — La signification des deux derniers paragraphes : selon quelle association d'idées se suivent-ils?

30. SUR L'ENSEMBLE DU RÉCIT. — La composition du récit : étudiez la
composition linéaire du récit, construit sur une suite de séquences prises
dans une journée.

— Le pessimisme : quelles sont les idées de l'auteur sur le mariage et
la maternité? Quel est le rôle du temps dans la transformation physique
et morale de l'homme?

— Le naturalisme : l'influence du milieu.

— La satire et la pitié : mesurez leur importance dans le récit.

comme s'ils eussent été frère et sœur. Elle savait, par tradition, qu'on doit d'abord respecter le Pape et le Roi !

Et elle les aimait et les respectait du fond du cœur, sans les connaître, avec une exaltation poétique, avec un dévouement
20 héréditaire, avec un attendrissement de femme bien née. Elle était bonne jusque dans tous les replis de l'âme. Elle n'avait point eu d'enfant et le regrettait sans cesse.

Lorsque M. de Méroul retrouva dans un bal Joseph Mouradour, son ancien camarade, il éprouva de cette rencontre
25 une joie profonde et naïve, car ils s'étaient beaucoup aimés dans leur jeunesse.

Après les exclamations d'étonnement sur les changements que l'âge avait apportés à leur corps et à leur figure, ils s'étaient informés réciproquement de leurs existences.

30 Joseph Mouradour, un Méridional, était devenu conseiller général dans son pays. D'allures franches, il parlait vivement et sans retenue, disant toute sa pensée avec ignorance des ménagements. Il était républicain ; de cette race de républicains bons garçons qui se font une loi du sans-gêne et qui posent pour l'in-
35 dépendance de parole allant jusqu'à la brutalité.

Il vint dans la maison de son ami, et y fut tout de suite aimé pour sa cordialité facile, malgré ses opinions avancées. Mᵐᵉ de Méroul s'écriait : « Quel malheur ! un si charmant homme ! »

M. de Méroul disait à son ami, d'un ton pénétré et confiden-
40 tiel : « Tu ne te doutes pas du mal que vous faites à notre pays. » Il le chérissait cependant, car rien n'est plus solide que les liaisons d'enfance reprises à l'âge mûr. Joseph Mouradour blaguait la femme et le mari, les appelait « mes aimables tortues », et parfois se laissait aller à des déclamations sonores contre les
45 gens arriérés, contre les préjugés et les traditions.

Quand il déversait ainsi le flot de son éloquence démocratique, le ménage, mal à l'aise, se taisait par convenance et savoir-vivre ; puis le mari tâchait de détourner la conversation, pour éviter les froissements. On ne voyait Joseph Mouradour que
50 dans l'intimité.

L'été vint. Les Méroul n'avaient pas de plus grande joie que de recevoir leurs amis dans leur propriété de Tourbeville. C'était une joie intime et saine, une joie de braves gens et de propriétaires campagnards. Ils allaient au-devant des invités jusqu'à la
55 gare voisine et les ramenaient dans leur voiture, guettant les compliments sur leur pays, sur la végétation, sur l'état des routes dans le département, sur la propreté des maisons des paysans,

sur la grosseur des bestiaux qu'on apercevait dans les champs, sur tout ce qu'on voyait par l'horizon.

60 Ils faisaient remarquer que leur cheval trottait d'une façon surprenante pour une bête employée une partie de l'année aux travaux des champs; et ils attendaient avec anxiété l'opinion du nouveau venu sur leur domaine de famille, sensibles au moindre mot, reconnaissants de la moindre intention gracieuse.

65 Joseph Mouradour fut invité, et il annonça son arrivée. **(31)**

La femme et le mari étaient venus au train, ravis d'avoir à faire les honneurs de leur logis.

Dès qu'il les aperçut, Joseph Mouradour sauta de son wagon avec une vivacité qui augmenta leur satisfaction. Il leur serrait 70 les mains, les félicitait, les enivrait de compliments.

Tout le long de la route il fut charmant, s'étonna de la hauteur des arbres, de l'épaisseur des récoltes, de la rapidité du cheval.

Quand il mit le pied sur le perron du château, M. de Méroul 75 lui dit avec une certaine solennité amicale :

« Tu es chez toi, maintenant. »

Joseph Mouradour répondit :

« Merci, mon cher, j'y comptais. Moi, d'ailleurs, je ne me gêne pas avec mes amis. Je ne comprends l'hospitalité que 80 comme ça. »

Puis il monta dans sa chambre, pour se vêtir en paysan, disait-il, et il descendit tout costumé de toile bleue, coiffé d'un chapeau canotier, chaussé de cuir jaune, dans un négligé complet de Parisien en goguette[35]. Il semblait aussi devenu plus commun, 85 plus jovial, plus familier, ayant revêtu avec son costume des champs un laisser-aller et une désinvolture qu'il jugeait de circonstance. Sa tenue nouvelle choqua quelque peu M. et Mme de Méroul qui demeuraient toujours sérieux et dignes, même en

---

35. *Goguette* : mot familier qui, à l'origine, signifiait « propos joyeux »; *être en goguette* : être égayé par la boisson.

──────── QUESTIONS ────────

31. Les portraits : montrez que Maupassant choisit les traits caractéristiques qui font de ses personnages des types de la société. Pourquoi a-t-il voulu peindre deux types extrêmes ? Observez tous les détails qui traduisent l'incompatibilité des caractères et des comportements; comment Maupassant a-t-il rendu vraisemblables cependant les relations qu'entretiennent les deux amis ? — Le procédé de présentation : mesurez le partage entre description et narration dans ce passage. Appréciez les qualités d'exposition, l'humour.

leurs terres, comme si la particule qui précédait leur nom les eût
90 forcés à un certain cérémonial jusque dans l'intimité.

Après le déjeuner, on alla visiter les fermes : et le Parisien
abrutit les paysans respectueux par le ton camarade de sa
parole.

Le soir, le curé dînait à la maison, un vieux gros curé, habitué
95 des dimanches, qu'on avait prié ce jour-là exceptionnellement
en l'honneur du nouveau venu.

Joseph, en l'apercevant, fit une grimace, puis il le considéra
avec étonnement, comme un être rare, d'une race particulière
qu'il n'avait jamais vue de si près. Il eut, dans le cours du repas,
100 des anecdotes libres, permises dans l'intimité, mais qui sem-
blèrent déplacées aux Méroul, en présence d'un ecclésiastique.
Il ne disait point : « Monsieur l'Abbé », mais : « Monsieur »
tout court ; et il embarrassa le prêtre par des considérations phi-
losophiques sur les diverses superstitions établies à la surface
105 du globe. Il disait : « Votre Dieu, Monsieur, est de ceux qu'il
faut respecter, mais aussi de ceux qu'il faut discuter. Le mien
s'appelle Raison : il a été de tout temps l'ennemi du vôtre... »

Les Méroul, désespérés, s'efforçaient de détourner les idées.
Le curé partit de très bonne heure.
110 Alors le mari prononça doucement :

« Tu as peut-être été un peu loin devant ce prêtre? »

Mais Joseph aussitôt s'écria :

« Elle est bien bonne, celle-là! Avec ça que je me gênerais
pour un calotin[36]! Tu sais, d'ailleurs, tu vas me faire le plaisir
115 de ne plus m'imposer ce bonhomme-là pendant les repas. Usez-
en, vous autres, autant que vous voudrez, dimanches et jours
ouvrables, mais ne le servez pas aux amis, saperlipopette[37]!

— Mais, mon cher, son caractère sacré... »

Joseph Mouradour l'interrompit :
120 « Oui, je sais, il faut les traiter comme des rosières[38]! Connu,
mon bon! Quand ces gens-là respecteront mes convictions, je
respecterai les leurs! »

Ce fut tout, ce jour-là. **(32)**

---

36. *Calotin* : terme familier et péjoratif qui désigne l'ecclésiastique, parce
qu'il porte la coiffure nommée *calotte* ; 37. *Saperlipopette* (ou *saperlotte*) :
juron familier formé sur l'altération de *sacré* ; 38. *Rosières* : jeunes filles dont
l'extrême vertu était jadis récompensée dans certains villages par une cou-
ronne de roses.

--- **QUESTIONS** ---

Question 32, v. p. 63.

Lorsque Mme de Méroul entra dans son salon, le lendemain
125 matin, elle aperçut au milieu de sa table trois journaux qui la
firent reculer : *le Voltaire, la République française* et *la Justice.*

Aussitôt Joseph Mouradour, toujours en bleu, parut sur le
seuil, lisant avec attention *l'Intransigeant.* Il s'écria :

« Il y a, là-dedans, un fameux article de Rochefort[39]. Ce gail-
130 lard-là est surprenant. »

Il en fit la lecture à haute voix, en appuyant sur les traits,
tellement enthousiasmé, qu'il ne remarqua pas l'entrée de son
ami.

M. de Méroul tenait à la main *le Gaulois* pour lui, *le Clairon*
135 pour sa femme.

La prose ardente du maître écrivain qui jeta bas l'empire,
déclamée avec violence, chantée dans l'accent du Midi, sonnait
par le salon pacifique, secouait les vieux rideaux à plis droits,
semblait éclabousser les murs, les grands fauteuils de tapisserie,
140 les meubles graves posés depuis un siècle aux mêmes endroits,
d'une grêle de mots bondissants, effrontés, ironiques et sacca-
geurs.

L'homme et la femme, l'un debout, l'autre assise, écoutaient
avec stupeur, tellement scandalisés, qu'ils ne faisaient pas un
145 geste.

Mouradour lança le trait final comme on tire un bouquet
d'artifice, puis déclara d'un ton triomphant :

« Hein ? C'est salé, cela ? »

Mais soudain il aperçut les deux feuilles qu'apportait son
150 ami, et il demeura lui-même perclus d'étonnement. Puis il marcha vers lui, à grands pas, demandant d'un ton furieux :

« Qu'est-ce que tu veux faire de ces papiers-là ? »

---

39. Henri de Rochefort-Luçay (1831-1913), célèbre pamphlétaire qui, dans
la Lanterne, s'opposa violemment à l'Empire. Il créa *l'Intransigeant* après
s'être évadé de déportation pendant la Commune.

─────── **QUESTIONS** ───────────────────────

32. La première journée : par quel procédé narratif se développe le
portrait de l'ami Joseph ? En quoi ce procédé est-il « dramatique » ? —
Expliquez l'utilité et la portée de la scène du repas. Quelles sont les idées
que Joseph Mouradour défend ? De quelle façon les soutient-il pendant et
après le dîner ? — Le comique : étudiez-en toutes les nuances (comique
de mots, d'attitudes, de situation, de caractère). — La composition : analysez le mouvement selon lequel progresse le récit dans le passage et
commentez le mot de conclusion *Ce fut tout, ce jour-là.* Comment l'intérêt du lecteur est-il suscité ?

« Sa tenue nouvelle choqua quelque peu M. et Mme de Méroul
qui demeuraient toujours sérieux et dignes, même en leurs terres. »
(Pages 61-62, lignes 87-89.)

Illustration de Charles Huard.
Paris, Bibliothèque nationale.

M. de Méroul répondit en hésitant :

« Mais... ce sont mes... mes journaux !

155   — Tes journaux... Ça, voyons, tu te moques de moi ! Tu vas me faire le plaisir de lire les miens, qui te dégourdiront les idées, et, quant aux tiens... voici ce que j'en fais, moi... »

Et, avant que son hôte interdit eût pu s'en défendre, il avait saisi les deux feuilles et les lançait par la fenêtre. Puis il déposa
160   gravement *la Justice* entre les mains de Mme de Méroul, remit *le Voltaire* au mari, et il s'enfonça dans un fauteuil pour achever *l'Intransigeant.*

L'homme et la femme, par délicatesse, firent semblant de lire un peu, puis lui rendirent les feuilles républicaines qu'ils tou-
165   chaient du bout des doigts comme si elles eussent été empoisonnées.

Alors il se remit à rire et déclara :

« Huit jours de cette nourriture-là, et je vous convertis à mes idées. » **(33)**

170   Au bout de huit jours, en effet, il gouvernait la maison. Il avait fermé la porte au curé, que Mme de Méroul allait voir en secret ; il avait interdit l'entrée au château du *Gaulois* et du *Clairon,* qu'un domestique allait mystérieusement chercher au bureau de poste et qu'on cachait, lorsqu'il entrait, sous les cous-
175   sins du canapé ; il réglait tout à sa guise, toujours charmant, toujours bonhomme, tyran jovial et tout-puissant.

D'autres amis devaient venir, des gens pieux, et légitimistes[40]. Les châtelains jugèrent une rencontre impossible et, ne sachant que faire, annoncèrent un soir à Joseph Mouradour qu'ils
180   étaient obligés de s'absenter quelques jours pour une petite affaire, et ils le prièrent de rester seul. Il ne s'émut pas et répondit :

« Très bien, cela m'est égal, je vous attendrai ici autant que vous voudrez. Je vous l'ai dit : entre amis pas de gêne. Vous
185   avez raison d'aller à vos affaires, que diable ! Je ne me

---

40. *Légitimiste* : après 1830, partisan des Bourbons. Ici, royaliste inconditionnel et réactionnaire.

─────── **QUESTIONS** ───────

33. Pourquoi cette courte scène est-elle traitée aussi longuement que la journée précédente ? — Joseph Mouradour est-il un apôtre habile de ses idées ? Quelle incompatibilité y a-t-il entre son comportement et les idées qu'il professe ? — Analysez le rythme dramatique de ce passage. Sur quoi repose le caractère comique de la scène ?

formaliserai pas pour cela, bien au contraire; ça me met tout à fait à l'aise avec vous. Allez, mes amis, je vous attends. »

M. et Mme de Méroul partirent le lendemain.

Il les attend. **(34) (35)**

(3 juin 1883.)

VIII

LE PARAPLUIE[41]

A Camille Oudinot[42].

Madame Oreille était économe. Elle savait la valeur d'un sou et possédait un arsenal de principes sévères sur la multiplication de l'argent. Sa bonne, assurément, avait grand mal à faire danser l'anse du panier[43]; et M. Oreille n'obtenait sa monnaie de
5 poche qu'avec une extrême difficulté. Ils étaient à leur aise, pourtant, et sans enfants; mais Mme Oreille éprouvait une vraie douleur à voir les pièces blanches[44] sortir de chez elle. C'était comme une déchirure pour son cœur; et, chaque fois qu'il lui avait fallu faire une dépense de quelque importance, bien qu'in-
10 dispensable, elle dormait fort mal la nuit suivante.

Oreille répétait sans cesse à sa femme :

« Tu devrais avoir la main plus large puisque nous ne mangeons jamais nos revenus. »

Elle répondait :
15 « On ne sait jamais ce qui peut arriver, il vaut mieux avoir plus que moins. »

C'était une petite femme de quarante ans, vive, ridée, propre et souvent irritée.

---

41. Ce conte parut dans *le Gaulois* le 10 février 1884 ; 42. *Camille Oudinot* était le frère d'une amie de Maupassant, Mme Lecomte de Nouÿ ; 43. *Faire danser l'anse du panier* se dit d'une domestique qui majore malhonnêtement le prix des provisions qu'elle est chargée d'acheter, pour garder un bénéfice ; 44. *Pièces blanches :* pièces d'argent de 1, 2 et 5 francs.

--- QUESTIONS ---

34. Dans quel sens les rapports hôtes-invités ont-ils évolué ? Quel effet en résulte-t-il ? — En quoi consiste exactement le coup de théâtre où culmine le récit ? — Le mot de conclusion : expliquez la valeur du présent, la portée comique de cet emploi.

35. SUR L'ENSEMBLE DU RÉCIT. — La composition : soulignez-en les caractères dramatiques (exposition, action, dénouement).

— Le ton : classez les procédés du comique.

— Le sujet : deux familles politiques de la IIIe République ; le narrateur manifeste-t-il une préférence ?

Son mari à tout moment, se plaignait des privations qu'elle
20 lui faisait endurer. Il en était certaines qui lui devenaient particulièrement pénibles, parce qu'elles atteignaient sa vanité.

Il était commis[45] principal au ministère de la Guerre, demeuré
là uniquement pour obéir à sa femme, pour augmenter les
rentes inutilisées de la maison. **(36)**

25 Or, pendant deux ans, il vint au bureau avec le même parapluie rapiécé qui donnait à rire à ses collègues. Las enfin de
leurs quolibets, il exigea que Mme Oreille lui achetât un nouveau parapluie. Elle en prit un de huit francs cinquante, article
de réclame d'un grand magasin. Des employés en apercevant
30 cet objet jeté dans Paris par milliers recommencèrent leurs plaisanteries, et Oreille en souffrit horriblement. Le parapluie ne
valait rien. En trois mois, il fut hors de service, et la gaieté
devint générale dans le ministère. On fit même une chanson
qu'on entendait du matin au soir, du haut en bas de l'immense
35 bâtiment.

Oreille, exaspéré, ordonna à sa femme de lui choisir un nouveau riflard[46], en soie fine, de vingt francs, et d'apporter une facture justificative.

Elle en acheta un de dix-huit francs et déclara, rouge d'irri-
40 tation, en le remettant à son époux :

« Tu en as là pour cinq ans au moins. »

Oreille, triomphant, obtint un vrai succès au bureau.

Lorsqu'il rentra le soir, sa femme, jetant un regard inquiet
sur le parapluie, lui dit :

45 « Tu ne devrais pas le laisser serré avec l'élastique, c'est le
moyen de couper la soie. C'est à toi d'y veiller, parce que je ne
t'en achèterai pas un de sitôt. »

Elle le prit, dégrafa l'anneau et secoua les plis. Mais elle
demeura saisie d'émotion. Un trou rond, grand comme un cen-
50 time, lui apparut au milieu du parapluie. C'était une brûlure de
cigare !

---

45. *Commis* : employé subalterne d'une administration. Rappelons, pour la
compréhension, que le traitement d'un commis à cette époque s'élevait approxi-
mativement à 2 000 francs annuels, c'est-à-dire 5,50 francs par jour. (Voir
A cheval : M. de Gribelin, commis au ministère de la Marine, gagne
1 500 francs par an. Voir aussi *la Parure, Mademoiselle Perle*) ; **46.** *Riflard* :
terme familier pour *parapluie*.

▬ QUESTIONS ▬

36. Relevez les éléments de cette « exposition ». Par quels procédés
stylistiques l'auteur réussit-il à « camper » ses personnages et à créer l'atmosphère comique du récit ?

Elle balbutia :

« Qu'est-ce qu'il a ? »

Son mari répondit tranquillement, sans regarder :

55 « Qui ? quoi ? Que veux-tu dire ? »

La colère l'étranglait maintenant ; elle ne pouvait plus parler :

« Tu... tu... tu as brûlé... ton... ton... parapluie. Mais tu... tu... tu es donc fou !... Tu veux nous ruiner ! »

Il se retourna, se sentant pâlir :

60 « Tu dis ?

— Je dis que tu as brûlé ton parapluie. Tiens !... »

Et, s'élançant vers lui comme pour le battre, elle lui mit violemment sous le nez la petite brûlure circulaire.

Il restait éperdu devant cette plaie, bredouillant :

65 « Ça, ça... qu'est-ce que c'est ? Je ne sais pas, moi ! Je n'ai rien fait, rien, je te le jure. Je ne sais pas ce qu'il a, moi, ce parapluie ? »

Elle criait maintenant :

« Je parie que tu as fait des farces avec lui dans ton bureau,
70 que tu as fait le saltimbanque, que tu l'as ouvert pour le montrer. »

Il répondit :

« Je l'ai ouvert une seule fois pour montrer comme il était beau. Voilà tout. Je te le jure. »

75 Mais elle trépignait de fureur, et elle lui fit une de ces scènes conjugales qui rendent le foyer familial plus redoutable pour un homme pacifique qu'un champ de bataille où pleuvent les balles.

Elle ajusta une pièce avec un morceau de soie coupé sur
80 l'ancien parapluie, qui était de couleur différente ; et, le lendemain, Oreille partit, d'un air humble, avec l'instrument raccommodé. Il le posa dans son armoire et n'y pensa plus que comme on pense à quelque mauvais souvenir.

Mais à peine fut-il rentré, le soir, sa femme lui saisit son para-
85 pluie dans les mains, l'ouvrit pour constater son état, demeura suffoquée devant un désastre irréparable. Il était criblé de petits trous provenant évidemment de brûlures, comme si on eût vidé dessus la cendre d'une pipe allumée. Il était perdu, perdu sans remède.

90 Elle contemplait cela sans dire un mot, trop indignée pour qu'un son pût sortir de sa gorge. Lui aussi, il constatait le dégât et il restait stupide, épouvanté, consterné.

Puis ils se regardèrent ; puis il baissa les yeux ; puis il reçut

par la figure l'objet crevé qu'elle lui jetait; puis elle cria, retrou-
vant sa voix dans un emportement de fureur :

« Ah! canaille! canaille! Tu en as fait exprès[47]! Mais tu me
le payeras! Tu n'en auras plus... »

Et la scène recommença. Après une heure de tempête, il put
enfin s'expliquer. Il jura qu'il n'y comprenait rien, que cela
ne pouvait provenir que de malveillance ou de vengeance.

Un coup de sonnette le délivra. C'était un ami qui venait
dîner chez eux.

Mme Oreille lui soumit le cas. Quant à acheter un nouveau
parapluie, c'était fini, son mari n'en aurait plus.

L'ami argumenta avec raison :

« Alors, Madame, il perdra ses habits, qui valent, certes,
davantage. »

La petite femme, toujours furieuse, répondit :

« Alors, il prendra un parapluie de cuisine, je ne lui en
donnerai pas un nouveau en soie. »

A cette pensée, Oreille se révolta.

« Alors je donnerai ma démission, moi! Mais je n'irai pas
au ministère avec un parapluie de cuisine. »

L'ami reprit :

« Faites recouvrir celui-là, ça ne coûte pas très cher. »

Mme Oreille exaspérée balbutiait :

« Il faut au moins huit francs pour le faire recouvrir. Huit
francs et dix-huit, cela fait vingt-six! Vingt-six francs pour un
parapluie, mais c'est de la folie! c'est de la démence! »

L'ami, bourgeois pauvre, eut une inspiration :

« Faites-le payer par votre Assurance. Les compagnies paient
les objets brûlés, pourvu que le dégât ait eu lieu dans votre
domicile. »

A ce conseil, la petite femme se calma net; puis, après une
minute de réflexion, elle dit à son mari :

« Demain, avant de te rendre à ton ministère, tu iras dans
les bureaux de la *Maternelle* faire constater l'état de ton parapluie et réclamer le payement. »

M. Oreille eut un soubresaut.

« Jamais de la vie je n'oserai! C'est dix-huit francs de perdus,
voilà tout. Nous n'en mourrons pas. »

---

47. *Tu en as fait exprès* : expression populaire pour *tu l'as fait exprès*.

Et il sortit le lendemain avec une canne. Il faisait beau heureusement. **(37)**

Restée seule à la maison, Mme Oreille ne pouvait se consoler
135 de la perte de ses dix-huit francs. Elle avait le parapluie sur la table de la salle à manger, et elle tournait autour, sans parvenir à prendre une résolution.

La pensée de l'Assurance lui revenait à tout instant, mais elle n'osait pas non plus affronter les regards railleurs des mes-
140 sieurs qui la recevraient, car elle était timide devant le monde, rougissante pour un rien, embarrassée dès qu'il lui fallait parler à des inconnus.

Cependant le regret des dix-huit francs la faisait souffrir comme une blessure. Elle n'y voulait plus songer, et sans cesse
145 le souvenir de cette perte la martelait douloureusement. Que faire cependant ? Les heures passaient ; elle ne se décidait à rien. Puis, tout à coup, comme les poltrons qui deviennent crânes, elle prit sa résolution.

« J'irai, et nous verrons bien ! »
150 Mais il lui fallait d'abord préparer le parapluie pour que le désastre fût complet et la cause facile à soutenir. Elle prit une allumette sur la cheminée et fit, entre les baleines, une grande brûlure, large comme la main ; puis elle roula délicatement ce qui restait de la soie, la fixa avec le cordelet élastique, mit son
155 châle et son chapeau et descendit d'un pas pressé vers la rue de Rivoli où se trouvait l'Assurance.

Mais, à mesure qu'elle approchait, elle ralentissait le pas. Qu'allait-elle dire ? Qu'allait-on lui répondre ?

Elle regardait les numéros des maisons. Elle en avait encore
160 vingt-huit. Très bien ! elle pouvait réfléchir. Elle allait de moins en moins vite. Soudain elle tressaillit. Voici la porte, sur laquelle brille en lettres d'or : « *La Maternelle*, Compagnie d'Assurances contre l'incendie ». Déjà ! Elle s'arrêta une seconde, anxieuse, honteuse, puis passa, puis revint, puis passa de nou-
165 veau, puis revint encore.

Elle se dit enfin :

─────────── **QUESTIONS** ───────────

37. Étudiez la composition du passage et notez les rebondissements successifs de l'action : comment l'intervention de l'ami fait-elle progresser celle-ci ? — Montrez que les dialogues illustrent le rapport de force entre les deux époux et complètent leur portrait moral. — Analysez les procédés du comique (les effets de répétition et de contraste, les gestes, les caractères).

« Il faut y aller, pourtant. Mieux vaut plus tôt que plus tard. »

Mais, en pénétrant dans la maison, elle s'aperçut que son cœur battait.

170 Elle entra dans une vaste pièce avec des guichets tout autour ; et, par chaque guichet, on apercevait une tête d'homme dont le corps était masqué par un treillage.

Un monsieur parut, portant des papiers. Elle s'arrêta et, d'une petite voix timide :

175 « Pardon, Monsieur, pourriez-vous me dire où il faut s'adresser pour se faire rembourser les objets brûlés ? »

Il répondit, avec un timbre sonore :

« Premier, à gauche, au bureau des sinistres. »

Ce mot l'intimida davantage encore ; elle eut envie de se

180 sauver, de ne rien dire, de sacrifier ses dix-huit francs. Mais à la pensée de cette somme, un peu de courage lui revint, et elle monta, essoufflée, s'arrêtant à chaque marche. **(38)**

Au premier, elle aperçut une porte, elle frappa. Une voix claire cria :

185 « Entrez ! »

Elle entra et se vit dans une grande pièce où trois messieurs, debout, décorés, solennels, causaient.

Un d'eux lui demanda :

« Que désirez-vous, Madame ? »

190 Elle ne trouvait plus ses mots, elle bégaya :

« Je viens... je viens... pour... pour un sinistre. »

Le monsieur, poli, montra un siège.

« Donnez-vous la peine de vous asseoir, je suis à vous dans une minute. »

195 Et, retournant vers les deux autres, il reprit la conversation.

« La Compagnie, Messieurs, ne se croit pas engagée envers vous pour plus de quatre cent mille francs. Nous ne pouvons admettre vos revendications pour les cent mille francs que vous prétendez nous faire payer en plus. L'estimation d'ailleurs... »

200 Un des deux autres l'interrompit :

« Cela suffit, Monsieur, les tribunaux décideront. Nous n'avons plus qu'à nous retirer. »

─────── QUESTIONS ───────

38. Sur quelle donnée psychologique repose ici l'intérêt dramatique ? Quel effet en résulte-t-il par rapport aux scènes précédentes ? — Appréciez dans la peinture des hésitations de Mme Oreille la valeur comique des moyens stylistiques employés (emploi des mots de coordination, choix du vocabulaire, ton et substance du discours intérieur).

Et ils sortirent après plusieurs saluts cérémonieux.

Oh! si elle avait osé partir avec eux, elle l'aurait fait; elle
205 aurait fui, abandonnant tout! Mais le pouvait-elle? Le monsieur revint et, s'inclinant :

« Qu'y a-t-il pour votre service, Madame? »

Elle articula péniblement :

« Je viens pour... pour ceci. »

210 Le directeur baissa les yeux, avec un étonnement naïf, vers l'objet qu'elle lui tendait.

Elle essayait, d'une main tremblante, de détacher l'élastique. Elle y parvint après quelques efforts, et ouvrit brusquement le squelette loqueteux du parapluie.

215 L'homme prononça, d'un ton compatissant :

« Il me paraît bien malade. »

Elle déclara avec hésitation :

« Il m'a coûté vingt francs. »

Il s'étonna :

220 « Vraiment! Tant que ça? »

— Oui, il était excellent. Je voulais vous faire constater son état.

— Fort bien; je vois. Fort bien. Mais je ne saisis pas en quoi cela peut me concerner. »

225 Une inquiétude la saisit. Peut-être cette compagnie-là ne payait-elle pas les menus objets, et elle dit :

« Mais... il est brûlé... »

Le monsieur ne nia pas :

« Je le vois bien. »

230 Elle restait bouche béante, ne sachant plus que dire; puis, soudain, comprenant son oubli, elle prononça avec précipitation :

« Je suis Mme Oreille. Nous sommes assurés à la *Maternelle;* et je viens vous réclamer le prix de ce dégât. »

235 Elle se hâta d'ajouter dans la crainte d'un refus positif :

« Je demande seulement que vous le fassiez recouvrir. »

Le directeur, embarrassé, déclara :

« Mais... Madame... nous ne sommes pas marchands de parapluies. Nous ne pouvons nous charger de ces genres de répa-
240 rations. »

La petite femme sentait l'aplomb lui revenir. Il fallait lutter. Elle lutterait donc! Elle n'avait plus peur; elle dit :

« Je demande seulement le prix de la réparation. Je la ferai bien faire moi-même. »

Le monsieur semblait confus :

« Vraiment, Madame, c'est bien peu. On ne nous demande jamais d'indemnité pour des accidents d'une si minime importance. Nous ne pouvons rembourser, convenez-en, les mouchoirs, les gants, les balais, les savates, tous les petits objets qui sont exposés chaque jour à subir des avaries par la flamme. »

Elle devint rouge, sentant la colère l'envahir :

« Mais, Monsieur, nous avons eu au mois de décembre dernier un feu de cheminée qui nous a causé au moins pour cinq cents francs de dégâts ; M. Oreille n'a rien réclamé à la compagnie ; aussi il est bien juste aujourd'hui qu'elle me paie mon parapluie ! »

Le directeur, devinant le mensonge, dit en souriant :

« Vous avouerez, Madame, qu'il est bien étonnant que M. Oreille, n'ayant rien demandé pour un dégât de cinq cents francs, viennent réclamer une réparation de cinq ou six francs pour un parapluie. »

Elle ne se troubla point et répliqua :

« Pardon, Monsieur, le dégât de cinq cents francs concernait la bourse de M. Oreille, tandis que le dégât de dix-huit francs concerne la bourse de Mme Oreille, ce qui n'est pas la même chose. »

Il vit qu'il ne s'en débarrasserait pas et qu'il allait perdre sa journée, et il demanda avec résignation :

« Veuillez me dire alors comment l'accident est arrivé. »

Elle sentit la victoire et se mit à raconter :

« Voilà, Monsieur : j'ai dans mon vestibule une espèce de chose en bronze où l'on pose les parapluies et les cannes. L'autre jour donc, en rentrant, je plaçai dedans celui-là. Il faut vous dire qu'il y a juste au-dessus une planchette pour mettre les bougies et les allumettes. J'allonge le bras et je prends quatre allumettes. J'en frotte une ; elle rate. J'en frotte une autre ; elle s'allume et s'éteint aussitôt. J'en frotte une troisième ; elle en fait autant. »

Le directeur l'interrompit pour placer un mot d'esprit.

« C'étaient donc des allumettes du gouvernement ? »

Elle ne comprit pas, et continua :

« Ça se peut bien. Toujours est-il que la quatrième prit feu et j'allumai ma bougie ; puis j'entrai dans ma chambre pour me coucher. Mais au bout d'un quart d'heure, il me sembla qu'on sentait le brûlé. Moi j'ai toujours peur du feu. Oh ! si nous avons jamais un sinistre, ce ne sera pas ma faute ! Surtout depuis le

feu de cheminée dont je vous ai parlé, je ne vis pas. Je me
relève donc, je sors, je cherche, je sens partout comme un chien
de chasse, et je m'aperçois enfin que mon parapluie brûle. C'est
290 probablement une allumette qui était tombée dedans. Vous
voyez dans quel état ça l'a mis... »

Le directeur en avait pris son parti ; il demanda :

« A combien estimez-vous le dégât ? »

Elle demeura sans parole, n'osant pas fixer un chiffre. Puis
295 elle dit, voulant être large :

« Faites-le réparer vous-même. Je m'en rapporte à vous. »

Il refusa :

« Non Madame, je ne peux pas. Dites-moi combien vous
demandez.

300 — Mais... il me semble... que... Tenez, Monsieur, je ne veux
pas gagner sur vous, moi... nous allons faire une chose. Je
porterai mon parapluie chez un fabricant qui le recouvrira en
bonne soie, en soie durable, et je vous apporterai la facture.
Ça vous va-t-il ?

305 — Parfaitement, Madame ; c'est entendu. Voici un mot pour
la caisse, qui remboursera votre dépense. »

Et il tendit une carte à Mᵐᵉ Oreille, qui la saisit, puis se leva
et sortit en remerciant, ayant hâte d'être dehors, de crainte qu'il
ne changeât d'avis. **(39)**

310 Elle allait maintenant d'un pas gai par la rue, cherchant un
marchand de parapluies qui lui parût élégant. Quand elle eut
trouvé une boutique d'allure riche, elle entra et dit, d'une voix
assurée :

« Voici un parapluie à recouvrir en soie, en très bonne soie.
315 Mettez-y ce que vous avez de meilleur. Je ne regarde pas au
prix. » **(40) (41)**

(10 février 1884.)

───────── **QUESTIONS** ─────────

39. Comment la conversation qu'entend Mᵐᵉ Oreille à son entrée dans
le bureau prépare-t-elle le malentendu sur lequel commence son entretien
avec le directeur de l'assurance ? — Définissez le mécanisme psychologique qui suscite la prolixité de Mᵐᵉ Oreille dans le mensonge. — Quel
effet produit l'accumulation des détails ? Observez le style de son récit.

40. Le mot de la fin : en quoi consiste la logique de Mᵐᵉ Oreille ?

41. SUR L'ENSEMBLE DU RÉCIT. — Analysez la structure dramatique du
récit : divisez-le en actes et en scènes. Que peut-on en déduire pour l'art
de Maupassant et le « genre court » ?

(Suite, v. p. 75.)

IX
LE PÈRE MONGILET[48]

Dans le bureau, le père Mongilet passait pour un type. C'était un vieil employé bon enfant qui n'était sorti de Paris qu'une fois en sa vie.

Nous étions alors aux derniers jours de juillet, et chacun de nous, chaque dimanche, allait se rouler sur l'herbe ou se tremper dans l'eau dans les campagnes environnantes. Asnières, Argenteuil, Chatou, Bougival, Maisons, Poissy[49], avaient leurs habitués et leurs fanatiques. On discutait avec passion les mérites et les avantages de tous ces endroits célèbres et délicieux pour les employés de Paris.

Le père Mongilet déclarait :

« Tas de moutons de Panurge ! Elle est jolie, votre campagne ! »

Nous lui demandions :

« Eh bien, et vous, Mongilet, vous ne vous promenez jamais ?

— Pardon. Moi, je me promène en omnibus. Quand j'ai bien déjeuné, sans me presser, chez le marchand de vin qui est en bas, je fais mon itinéraire avec un plan de Paris et l'indicateur des lignes et des correspondances. Et puis je grimpe sur mon impériale[50], j'ouvre mon ombrelle, et fouette cocher. Oh ! j'en vois, des choses, et plus que vous, allez ! Je change de quartier. C'est comme si je faisais un voyage à travers le monde, tant le peuple est différent d'une rue à une autre. Je connais mon Paris mieux que personne. Et puis il n'y a rien de plus amusant que les entresols. Ce qu'on voit de choses là-dedans, d'un coup d'œil, c'est inimaginable. On devine des scènes de ménage rien qu'en apercevant la gueule d'un homme qui crie ; on rigole en passant devant les coiffeurs qui lâchent le nez du monsieur

---

48. Ce récit parut dans *Gil Blas* le 24 février 1885 ; **49.** Ce sont de petites localités au bord de la Seine, célèbres depuis les peintres impressionnistes, proches de Paris (voir carte page 76) ; **50.** *Impériale :* dessus ou galerie d'une voiture publique où les voyageurs peuvent prendre place.

──────── **QUESTIONS** ────────

— La mise en scène : classez les moyens utilisés (dialogues, mimiques, rôle muet du parapluie) selon leur importance respective.

— Le tableau de mœurs : quelle est la place du cadre social dans le récit ? Faites la part de l'observation juste et du grossissement artistique dans la peinture de la vie de bureau et des scènes conjugales. (Comparez avec *le Père Mongilet*, I, ix.)

— Le rire : est-il celui de la farce ou de la comédie ?

LE COURS DE LA SEINE EN AVAL DE PARIS

tout blanc de savon pour regarder dans la rue. On fait de l'œil
30 aux modistes, de l'œil à l'œil, histoire de rire, car on n'a pas
le temps de descendre. Ah! ce qu'on en voit de choses!

« C'est du théâtre, ça, du bon, du vrai, le théâtre de la nature,
vu au trot de deux chevaux. Cristi[51], je ne donnerais pas mes
promenades en omnibus pour vos bêtes de promenades dans
35 les bois. »

On lui demandait :

« Goutez-y, Mongilet, venez une fois à la campagne, pour
essayer. »

Il répondait :

40 « J'y ai été, une fois, il y a vingt ans, et on ne m'y prendra
plus.

— Contez-nous ça, Mongilet. **(42)**

— Tant que vous voudrez. Voici la chose : Vous avez connu
Boivin, l'ancien commis-rédacteur[52] que nous appelions Boi-
45 leau ?

— Oui, parfaitement.

— C'était mon camarade de bureau. Ce gredin-là avait une
maison à Colombes et il m'invitait à venir passer un dimanche
chez lui. Il me disait :

50 — Viens donc, Maculotte (il m'appelait Maculotte par plai-
santerie). Tu verras la jolie promenade que nous ferons.

— Moi, je me laissai prendre comme une bête, et je partis,
un matin, par le train de huit heures. J'arrive dans une espèce
de ville, une ville de campagne où on ne voit rien, et je finis par
55 trouver au bout d'un couloir, entre deux murs, une vieille porte
de bois, avec une sonnette de fer.

Je sonnai. J'attendis longtemps, et puis on m'ouvrit. Qu'est-
ce qui m'ouvrit ? Je ne le sus pas du premier coup d'œil : une
femme ou une guenon ? C'était vieux, c'était laid, enveloppé de
60 vieux linges, ça semblait sale et c'était méchant. Ça avait des
plumes de volailles dans les cheveux et l'air de vouloir me
dévorer.

Elle demanda :

---

51. *Cristi* : voir note 32 ; 52. *Commis-rédacteur* : employé d'une administration chargé de rédiger les pièces administratives.

━━━━━━ **QUESTIONS** ━━━━━━

42. Quelle est la nature de cette introduction ? Notez les traits de
caractère du père Mongilet. Pourquoi est-il un type aux yeux de ses
collègues ? Que signifie par exemple un terme tel que *se promener* pour
lui et pour eux ?

« Qu'est-ce que vous désirez?

65 — M. Boivin.

— Qu'est-ce que vous lui voulez, à M. Boivin? »

Je me sentais mal à mon aise devant l'interrogatoire de cette furie. Je balbutiai :

« Mais... il m'attend. »

70 Elle reprit :

« Ah! c'est vous qui venez pour le déjeuner? »

Je bagayai un « oui » tremblant.

Alors, se tournant vers la maison, elle s'écria d'une voix rageuse :

75 « Boivin, voilà ton homme! »

C'était la femme de mon ami. Le petit père Boivin parut aussitôt sur le seuil d'une sorte de baraque en plâtre, couverte en zinc et qui ressemblait à une chaufferette. Il avait un pantalon de coutil blanc plein de taches et un panama[53] crasseux.

80 Après avoir serré mes mains, il m'emmena dans ce qu'il appelait son jardin; c'était, au bout d'un nouveau corridor, formé par des murs énormes, un petit carré de terre grand comme un mouchoir de poche, et entouré de maisons si hautes que le soleil pénétrait là seulement pendant deux ou trois heures

85 par jour. Des pensées, des œillets, des ravenelles[54], quelques rosiers, agonisaient au fond de ce puit sans air et chauffé comme un four par la réverbération des toits.

« Je n'ai pas d'arbres, disait Boivin, mais les murs des voisins m'en tiennent lieu. J'ai de l'ombre comme dans un bois. »

90 Puis il me prit par un bouton de ma veste et me dit à voix basse :

« Tu vas me rendre un service. Tu as vu la bourgeoise. Elle n'est pas commode, hein? Aujourd'hui, comme je t'ai invité, elle m'a donné des effets propres; mais si je les tache, tout est

95 perdu; j'ai compté sur toi pour arroser mes plantes. »

J'y consentis. J'ôtai mon vêtement. Je retroussai mes manches, et je me mis à fatiguer à tour de bras une espèce de pompe qui sifflait, soufflait, râlait comme un poitrinaire pour lâcher un filet d'eau pareil à l'écoulement d'une fontaine Wal-

100 lace[55]. Il fallut dix minutes pour remplir un arrosoir. J'étais en nage. Boivin me guidait.

---

53. *Panama* : chapeau d'été, en paille, large et souple ; **54.** *Ravenelle* : nom commun de la giroflée des jardins et du radis sauvage ; **55.** *Fontaine Wallace* : fontaine publique établie en 1872 à Paris par le philanthrope anglais Wallace (1818-1890).

« Ici, — à cette plante ; — encore un peu. — Assez ; — à cette autre. »

L'arrosoir, percé, coulait, et mes pieds recevaient plus d'eau que les fleurs. Le bas de mon pantalon, trempé, s'imprégnait de boue. Et, vingt fois de suite, je recommençai, je retrempai mes pieds, je ressuai en faisant geindre le volant de la pompe. Et quand je voulais m'arrêter, exténué, le père Boivin, suppliant, me tirait par le bras :

« Encore un arrosoir — un seul — et c'est fini. »

Pour me remercier, il me fit don d'une rose, d'une grande rose ; mais à peine eut-elle touché ma boutonnière, qu'elle s'effeuilla complètement, me laissant, comme décoration, une petite poire verdâtre, dure comme de la pierre. Je fus étonné, mais je ne dis rien.

La voix éloignée de Mme Boivin se fit entendre :

« Viendrez-vous, à la fin ? Quand on vous dit que c'est prêt ! »

Nous allâmes vers la chaufferette.

Si le jardin se trouvait à l'ombre, la maison, par contre, se trouvait en plein soleil, et la seconde étuve du Hammam[56] est moins chaude que la salle à manger de mon camarade.

Trois assiettes, flanquées de fourchettes en étain mal lavées, se collaient sur une table de bois jaune. Au milieu, un vase en terre contenait du bœuf bouilli, réchauffé avec des pommes de terre. On se mit à manger.

Une grande carafe pleine d'eau, légèrement teintée de rouge, me tirait l'œil. Boivin, confus, dit à sa femme :

« Dis donc, ma bonne, pour l'occasion, ne vas-tu pas donner un peu de vin pur ? »

Elle le dévisagea furieusement.

« Pour que vous vous grisiez tous les deux, n'est-ce pas, et que vous restiez à gueuler chez moi toute la journée ? Merci de l'occasion ! »

Il se tut. Après le ragoût, elle apporta un autre plat de pommes de terre accommodées avec du lard. Quand ce nouveau mets fut achevé, toujours en silence, elle déclara :

« C'est tout. Filez maintenant. »

Boivin la contemplait, stupéfait.

« Mais le pigeon... le pigeon que tu plumais ce matin ? »

Elle posa ses mains sur ses hanches :

---

56. *Hammam :* Hammam-Lif, aux environs de Tunis, station thermale que Maupassant a visitée.

« Vous n'en avez pas assez, peut-être. Parce que tu amènes des gens, ce n'est pas une raison pour dévorer tout ce qu'il y a dans la maison. Qu'est-ce que je mangerai, moi, ce soir ? »

Nous nous levâmes. Boivin me coula dans l'oreille :

145 « Attends-moi une minute, et nous filons. »

Puis il passa dans la cuisine où sa femme était rentrée. Et j'entendis :

« Donne-moi vingt sous, ma chérie.

— Qu'est-ce que tu veux faire, avec vingt sous ?

150 — Mais on ne sait pas ce qui peut arriver. Il est toujours bon d'avoir de l'argent. »

Elle hurla, pour être entendue de moi :

« Non, je ne te les donnerai pas ! Puisque cet homme a déjeuné chez toi, c'est bien le moins qu'il paye tes dépenses de

155 la journée. »

Le père Boivin revint me prendre. Comme je voulais être poli, je m'inclinai devant la maîtresse du logis en balbutiant :

« Madame... remerciements... gracieux accueil... »

Elle répondit :

160 « C'est bien. Mais n'allez pas me le ramener soûl, parce que vous auriez affaire à moi, vous savez ! »

Nous partîmes. **(43)**

Il fallut traverser une plaine nue comme une table, en plein soleil. Je voulus cueillir une plante le long du chemin et je

165 poussai un cri de douleur. Ça m'avait fait un mal affreux dans la main. On appelle ces herbes-là des orties. Et puis ça puait le fumier partout, mais ça puait à vous tourner le cœur.

Boivin me disait :

« Un peu de patience, nous arrivons au bord de la rivière. »

170 En effet, nous arrivâmes au bord de la rivière. Là, ça puait la vase et l'eau sale, et il vous tombait un tel soleil sur cette eau, que j'en avais les yeux brûlés.

Je priai Boivin d'entrer quelque part. Il me fit pénétrer dans une espèce de case pleine d'hommes, une taverne à matelots

175 d'eau douce. Il me disait :

« Ça n'a pas d'apparence, mais on y est fort bien. »

J'avais faim. Je fis apporter une omelette. Mais, voilà que,

───────── QUESTIONS ─────────

43. Analysez les éléments du comique et les procédés de la caricature dans ce passage. Quel type de personnage représente Mme Boivin ? — Appréciez le rôle du narrateur dans les dialogues.

dès le second verre de vin, ce gueux de Boivin perdit la tête et
je compris pourquoi sa femme ne lui servait que de l'abon-
180 dance[57].

Il pérora, se leva, voulut faire des tours de force, se mêla
en pacificateur à la querelle de deux ivrognes qui se battaient,
et nous aurions été assommés tous les deux sans l'intervention
du patron.

185 Je l'entraînai, en le soutenant comme on soutient les
pochards[58], jusqu'au premier buisson, où je le déposai. Je
m'étendis moi-même à son côté. Et il paraît que je m'endormis.

Certes, nous avons dormi longtemps, car il faisait nuit quand
je me réveillai. Boivin ronflait à mon côté. Je le secouai. Il se
190 leva, mais il était encore gris, un peu moins cependant.

Et nous voilà repartis, dans les ténèbres, à travers la plaine.
Boivin prétendait retrouver sa route. Il me fit tourner à gauche,
puis à droite, puis à gauche. On ne voyait ni ciel, ni terre, et
nous nous trouvâmes perdus au milieu d'une espèce de forêt
195 de pieux qui nous arrivaient à la hauteur du nez. Il paraît que
c'était une vigne avec ses échalas[59]. Pas un bec de gaz à l'horizon. Nous avons circulé là-dedans peut-être une heure ou
deux, tournant, vacillant, étendant les bras, fous, sans trouver
le bout, car nous devions toujours revenir sur nos pas.

200 A la fin, Boivin s'abattit sur un bâton qui lui déchira la joue,
et sans s'émouvoir il demeura assis par terre, poussant de tout
son gosier des « La-i-tou ! » prolongés et retentissants, pendant
que je criais : « Au secours ! » de toute ma force, en allumant
des allumettes-bougies pour éclairer les sauveteurs et pour me
205 mettre du cœur au ventre.

Enfin, un paysan attardé nous entendit et nous remit dans
notre route.

Je conduisis Boivin jusque chez lui. Mais comme j'allais le
laisser sur le seuil de son jardin, la porte s'ouvrit brusquement
210 et sa femme parut, une chandelle à sa main. Elle me fit une
peur affreuse.

Puis, dès qu'elle aperçut son mari, qu'elle devait attendre
depuis la tombée du jour, elle hurla, en s'élançant vers moi :

« Ah canaille, je savais bien que vous le ramèneriez soûl ! »
215 Ma foi, je me sauvai en courant jusqu'à la gare, et comme je

---

57. *Abondance* : vin fortement coupé d'eau que l'on servait dans les col-
lèges ; 58. *Pochard* : terme familier pour désigner un ivrogne misérable ;
59. *Echalas* : pieu qui soutient le cep de vigne.

pensais que la furie me poursuivait, je m'enfermai, dans les
water-closets, car un train ne devait passer qu'une demi-heure
plus tard.

Voilà pourquoi je ne me suis jamais marié, et pourquoi je ne
220 sors plus jamais de Paris. **(44) (45)**

(24 février 1885.)

X

VOYAGE DE SANTÉ[60]

Monsieur Panard était un homme prudent qui avait peur
de tout dans la vie. Il avait peur des tuiles, des chutes, des
fiacres, des chemins de fer, de tous les accidents possibles, mais
surtout des maladies.

5 Il avait compris, avec une extrême prévoyance, combien
notre existence est menacée sans cesse par tout ce qui nous
entoure. La vue d'une marche le faisait penser aux entorses,
aux bras et aux jambes cassés, la vue d'une vitre aux affreuses
blessures par le verre, la vue d'un chat, aux yeux crevés ; et il
10 vivait avec une prudence méticuleuse, une prudence réfléchie,
patiente, complète.

Il disait à sa femme, une brave femme qui se prêtait à ses
manies : « Songe, ma bonne, comme il faut peu de chose pour
estropier ou pour détruire un homme. C'est effrayant d'y pen-
15 ser. On sort bien portant ; on traverse une rue, une voiture
arrive et vous passe dessus ; ou bien on s'arrête cinq minutes
sous une porte cochère à causer avec un ami ; et on ne sent pas
un petit courant d'air qui vous glisse le long du dos et vous

---

60. Conte inédit jusqu'à sa publication par A.-M. Schmidt et G. Délaisement (Paris, Albin Michel, 1957).

─────── **QUESTIONS** ───────

44. A quels détails peut-on s'apercevoir de la profonde différence qui
existe entre les deux personnages ? — La narration de Mongilet vous
paraît-elle impartiale ? Quelles sont les intentions du conteur ? Comment
M. Boivin aurait-il raconté cette journée ? Qu'en concluez-vous ?

45. Sur l'ensemble du récit. — Quel est le ressort principal du
conte ? Comment la réalité est-elle représentée dans ce conte ? En quoi
cela illustre-t-il la conception artistique de Maupassant : « la nature vue
à travers un tempérament ».
— Que veut dénoncer le narrateur par ce conte ? S'identifie-t-il entièrement au personnage du père Mongilet ?

flanque une fluxion de poitrine. Et cela suffit. C'en est fait de
20 vous. »

Il s'intéressait d'une façon particulière à l'article *Santé
Publique,* dans les journaux; connaissait le chiffre normal des
morts en temps ordinaire, suivant les saisons, la marche et les
caprices des épidémies, leurs symptômes, leur durée probable,
25 la manière de les prévenir, de les arrêter, de les soigner. Il possédait une bibliothèque médicale de tous les ouvrages relatifs
aux traitements mis à la portée du public par les médecins vul-
garisateurs et pratiques.

Il avait cru à Raspail[61], à l'homéopathie[62], à la médecine dosi-
30 métrique[63], à la métallothérapie[64], à l'électricité, au massage, à
tous les systèmes qu'on suppose infaillibles, pendant six mois,
contre tous les maux. Aujourd'hui, il était un peu revenu de sa
confiance, et il pensait avec sagesse que le meilleur moyen
d'éviter les maladies consiste à les fuir. **(46)**

*
**

35 Or, vers le commencement de l'hiver dernier, M. Panard
apprit par son journal que Paris subissait une légère épidémie
de fièvre typhoïde : une inquiétude aussitôt l'envahit, qui devint,
en peu de temps, une obsession. Il achetait, chaque matin, deux
ou trois feuilles pour faire une moyenne avec leurs renseigne-
40 ments contradictoires; et il fut bien vite convaincu que son
quartier était particulièrement éprouvé.

Alors il alla voir son médecin pour lui demander conseil.
Que devait-il faire? rester ou s'en aller? Sur les réponses éva-
sives du docteur, M. Panard conclut qu'il y avait danger et il
45 se résolut au départ. Il rentra donc pour délibérer avec sa
femme. Où iraient-ils?

Il demandait :

« Penses-tu, ma bonne, que Pau soit ce qu'il nous faut? »

---

61. *Raspail* (François) [1794-1878] : médecin, précurseur dans le domaine
scientifique. La méthode Raspail fut célèbre sous le second Empire et favo-
risa le développement de l'hygiène individuelle ; **62.** *Homéopathie :* procédé
thérapeutique qui consiste à donner au malade des remèdes produisant des
symptômes identiques à ceux de la maladie à soigner ; **63.** *Médecine dosimé-
trique :* méthode thérapeutique inventée par Burggraeve, qui utilise surtout les
alcaloïdes des plantes ; **64.** *Métallothérapie :* traitement médical qui consiste
à appliquer des métaux sur la peau.

--- **QUESTIONS** ---

46. Expliquez en quoi consiste l'humour de ce portrait. Quel type de
personnage nous est ici présenté ?

Elle avait envie de voir Nice et répondit :

50 « On prétend qu'il y fait assez froid, à cause du voisinage des Pyrénées. Cannes doit être plus sain, puisque les princes d'Orléans y vont. »

Ce raisonnement convainquit son mari. Il hésitait encore un peu, cependant.

55 « Oui, mais la Méditerranée a le choléra depuis deux ans.

— Ah! mon ami, il n'y est jamais pendant l'hiver. Songe que le monde entier se donne rendez-vous sur cette côte.

— Ça, c'est vrai. Dans tous les cas, emporte des désinfectants et prends soin de faire compléter ma pharmacie de 60 voyage. »

Ils partirent un lundi matin. En arrivant, à la gare, Mme Panard remit à son mari sa valise personnelle :

« Tiens, dit-elle, voilà tes affaires de santé bien en ordre.

— Merci, ma bonne. »

65 Et ils montèrent dans le train.

Après avoir lu beaucoup d'ouvrages sur les stations hygiéniques de la Méditerranée, ouvrages écrits par les médecins de chaque ville du littoral, et dont chacun exaltait sa plage au détriment des autres, M. Panard, qui avait passé par les plus 70 grandes perplexités, venait enfin de se décider pour Saint-Raphaël, par cette seule raison qu'il avait vu, parmi les noms des principaux propriétaires, ceux de plusieurs professeurs de la Faculté de médecine de Paris.

S'ils habitaient là, c'était assurément que le pays était sain.

75 Donc il descendit à Saint-Raphaël et se rendit immédiatement dans un hôtel dont il avait lu le nom dans le guide Sarty[65], qui est le Conty[66] des stations d'hiver de cette côte.

Déjà des préoccupations nouvelles l'assaillaient. Quoi de moins sûr qu'un hôtel, surtout dans ce pays recherché par les 80 poitrinaires? Combien de malades, et quels malades, ont couché sur ces matelas, dans ces couvertures, sur ces oreillers, laissant aux laines, aux plumes, aux toiles, mille germes imperceptibles venus de leur peau, de leur haleine, de leurs fièvres?

Comment oserait-il se coucher dans ces lits suspects, dormir 85 avec le cauchemar d'un homme agonisant sur la même couche, quelques jours plus tôt?

Alors une idée l'illumina. Il demanderait une chambre au

---

65. *Guide Sarty* : guide touristique de cette époque ; 66. *Le Conty* : guide de l'époque.

nord, tout à fait au nord, sans aucun soleil, sûr qu'aucun malade n'aurait pu habiter là.

90 On lui ouvrit donc un grand appartement glacial, qu'il jugea, au premier coup d'œil, présenter toute sécurité, tant il semblait froid et inhabitable.

Il y fit allumer du feu. Puis on y monta ses colis.

Il se promenait à pas rapides, de long en large, un peu inquiet
95 à l'idée d'un rhume possible, et il disait à sa femme :

« Vois-tu, ma bonne, le danger de ces pays-ci c'est d'habiter des pièces fraîches, rarement occupées. On y peut prendre des douleurs. Tu serais bien gentille de défaire nos malles. »

Elle commençait, en effet, à vider les malles et à emplir les
100 armoires et la commode quand M. Panard s'arrêta net dans sa promenade et se mit à renifler avec force comme un chien qui évente un gibier.

Il reprit, troublé soudain :

« Mais on sent... on sent le malade ici... on sent la drogue...
105 je suis sûr qu'on sent la drogue... certes, il y a eu un... un... un poitrinaire dans cette chambre. Tu ne sens pas, dis, ma bonne? »

Mme Panard flairait à son tour. Elle répondit :

« Oui, ça sent un peu le... le... je ne reconnais pas bien l'odeur, enfin ça sent le remède. »

110 Il s'élança sur le timbre, sonna; et quand le garçon parut :

« Faites venir tout de suite le patron, s'il vous plaît. »

Le patron vint presque aussitôt, saluant, le sourire aux lèvres.

M. Panard, le regardant au fond des yeux, lui demanda brusquement :

115 « Quel est le dernier voyageur qui a couché ici? »

Le maître d'hôtel, surpris d'abord, cherchait à comprendre l'intention, la pensée, ou le soupçon de son client, puis, comme il fallait répondre, et comme personne n'avait couché dans cette chambre depuis plusieurs mois, il dit :

120 « C'est M. le Comte de la Roche-Limonière.

— Ah! un Français?

— Non, Monsieur, un... un... un Belge.

— Ah! et il se portait bien?

— Oui, c'est-à-dire non, il souffrait beaucoup en arrivant
125 ici; mais il est parti tout à fait guéri.

— Ah! Et de quoi souffrait-il?

— De douleurs.

— Quelles douleurs?

— De douleurs... de douleurs de foie. »

130 — Très bien, Monsieur, je vous remercie. Je comptais rester quelque temps ici ; mais je viens de changer d'avis. Je partirai tout à l'heure, avec Mme Panard.

— Mais... Monsieur...

— C'est inutile, Monsieur, nous partirons. Envoyez la note :
135 Omnibus, chambre et service. »

Le patron, effaré, se retira, tandis que M. Panard disait à sa femme :

« Hein, ma bonne, l'ai-je dépisté ? As-tu vu comme il hésitait... douleurs... douleurs... douleurs de foie... je t'en fiche des
140 douleurs de foie ! » **(47)**

*
**

M. et Mme Panard arrivèrent à Cannes à la nuit, soupèrent et se couchèrent aussitôt.

Mais à peine furent-ils au lit, que M. Panard s'écria :

« Hein, l'odeur, la sens-tu, cette fois ? Mais... mais c'est de
145 l'acide phénique[67], ma bonne... ; on a désinfecté cet appartement. »

Il s'élança de sa couche, se rhabilla avec promptitude, et, comme il était trop tard pour appeler personne, il se décida aussitôt à passer la nuit sur un fauteuil. Mme Panard, malgré
150 les sollicitations de son mari, refusa de l'imiter et demeura dans ses draps où elle dormit avec bonheur, tandis qu'il murmurait les reins cassés :

« Quel pays ! quel affreux pays ! Il n'y a que des malades dans tous ces hôtels. »
155 Dès l'aurore, le patron fut mandé.

« Quel est le dernier voyageur qui a habité cet appartement ?

— Le Grand-duc de Bade et Magdebourg, Monsieur, un cousin de l'empereur de... de... Russie.

— Ah ! et il se portait bien ?
160 — Très bien, Monsieur.

— Tout à fait bien ?

— Tout à fait bien.

---

67. *Acide phénique* (ou *phénol*) : dérivé du benzène, désinfectant très efficace.

QUESTIONS
---

47. Étudiez les mécanismes du raisonnement de M. Panard. Par quel procédé stylistique le narrateur peint-il son obsession ? — Étudiez le processus comique selon lequel se déroule le dialogue entre le patron de l'hôtel et M. Panard.

— Cela suffit, monsieur l'Hôtelier; Madame et moi nous partons pour Nice à midi.

165 — Comme il vous plaira, Monsieur. »

Et le patron, furieux, se retira, tandis que M. Panard disait à Mme Panard :

« Hein! quel farceur! Il ne veut pas même avouer que son voyageur était malade! malade! Ah, oui! malade! Je te réponds 170 bien qu'il y est mort, celui-là! Dis, sens-tu l'acide phénique, le sens-tu?

— Oui, mon ami!

— Quels gredins, ces maîtres d'hôtel! Pas même malade, son macchabée! Quels gredins! »

175 Ils prirent le train d'une heure trente. L'odeur les suivit dans le wagon.

Très inquiet, M. Panard murmurait : « On sent toujours. Ça doit être une mesure d'hygiène générale dans le pays. Il est probable qu'on arrose les rues, les parquets et les wagons avec 180 de l'eau phéniquée[68] par ordre des médecins et des municipalités. »

Mais quand ils furent dans l'hôtel de Nice, l'odeur devint intolérable.

Panard, atterré, errait par sa chambre, ouvrant les tiroirs, 185 visitant les coins obscurs, cherchant au fond des meubles. Il découvrit dans l'armoire à glace un vieux journal, y jeta les yeux au hasard, et lut : « Les bruits malveillants qu'on avait fait courir sur l'état sanitaire de notre ville sont dénués de tout fondement. Aucun cas de choléra n'a été signalé à Nice ou aux 190 environs. »

Il fit un bond et s'écria :

« Madame Panard... Madame Panard... c'est le choléra... le choléra... le choléra... j'en étais sûr... Ne défaites pas nos malles... nous retournons à Paris tout de suite... tout de suite. »

195 Une heure plus tard, ils reprenaient le rapide, enveloppés dans une odeur asphyxiante de phénol.

Aussitôt rentré chez lui, Panard jugea bon de prendre quelques gouttes d'un anticholérique énergique et il ouvrit la valise qui contenait ses médicaments. Une vapeur suffocante 200 s'en échappa. Sa fiole d'acide phénique s'était brisée et le liquide répandu avait brûlé tout le dedans du sac.

---

68. *Eau phéniquée :* eau qui contient du phénol.

Alors sa femme, saisie d'un fou rire, s'écria : « Ah!... ah!...
ah!... mon ami... le voilà... le voilà, ton choléra!... » **(48) (49)**

(Inédit.)   *(18 avril 1886.)*

[LES TRAGÉDIES DE LA VANITÉ HUMAINE]

XI

A CHEVAL[69]

Les pauvres gens vivaient péniblement des petits appointe-
ments du mari. Deux enfants étaient nés depuis leur mariage,
et la gêne première était devenue une de ces misères humbles,
voilées, honteuses, une misère de famille noble qui veut tenir
5 son rang quand même.

Hector de Gribelin avait été élevé en province, dans le
manoir paternel, par un vieil abbé précepteur. On n'était pas
riche, mais on vivotait en gardant les apparences.

Puis, à vingt ans, on lui avait cherché une position, et il était
10 entré, commis[70] à quinze cents francs, au ministère de la
Marine. Il avait échoué sur cet écueil comme tous ceux qui ne
sont point préparés de bonne heure au rude combat de la vie,
tous ceux qui voient l'existence à travers un nuage, qui ignorent
les moyens et les résistances, en qui on n'a pas développé dès
15 l'enfance des aptitudes spéciales, des facultés particulières, une
âpre énergie à la lutte, tous ceux à qui on n'a pas remis une
arme ou un outil dans la main.

Ses trois premières années de bureau furent horribles.

Il avait retrouvé quelques amis de sa famille, vieilles gens

---

69. Cette nouvelle parut dans *le Gaulois* le 14 janvier 1883 ; **70.** *Commis* :
voir note 45.

QUESTIONS

---

48. Commentez l'effet de répétition. Relevez les variantes par rapport
à la scène précédente et soulignez-en l'utilité pour la suite du récit. Justi-
fiez la rapidité croissante du récit.

— Montrez comment l'idée fixe de M. Panard pose un écran entre lui
et la réalité. Le dénouement est-il prévisible ?

49. SUR L'ENSEMBLE DU RÉCIT. — Expliquez la composition du récit.
Le rôle du dialogue : montrez qu'il souligne les traits caricaturaux du
portrait.

— Le thème : l'idée fixe ; dans quelle mesure est-ce un thème
comique ? Illustrez votre réponse en étudiant les procédés du comique
dans le récit.

20 attardés et peu fortunés aussi, qui vivaient dans les rues nobles, les tristes rues du faubourg Saint-Germain; et il s'était fait un cercle de connaissances.

Etrangers à la vie moderne, humbles et fiers, ces aristocrates nécessiteux habitaient les étages élevés de maisons endormies.
25 Du haut en bas de ces demeures, les locataires étaient titrés; mais l'argent semblait rare au premier comme au sixième.

Les éternels préjugés, la préoccupation du rang, le souci de ne pas déchoir, hantaient ces familles autrefois brillantes, et ruinées par l'inaction des hommes. Hector de Gribelin ren-
30 contra dans ce monde une jeune fille noble et pauvre comme lui, et l'épousa.

Ils eurent deux enfants en quatre ans. **(50)**

Pendant quatre années encore, ce ménage, harcelé par la misère, ne connut d'autres distractions que la promenade aux
35 Champs-Elysées, le dimanche, et quelques soirées au théâtre, une ou deux par hiver, grâce à des billets de faveur offerts par un collègue.

Mais voilà que, vers le printemps, un travail supplémentaire fut confié à l'employé par son chef, et il reçut une grati-
40 fication extraordinaire de trois cents francs.

En rapportant cet argent, il dit à sa femme :

« Ma chère Henriette, il faut nous offrir quelque chose, par exemple une partie de plaisir pour les enfants. »

Et après une longue discussion, il fut décidé qu'on irait
45 déjeuner à la campagne.

« Ma foi, s'écria Hector, une fois n'est pas coutume; nous louerons un break[71] pour toi, les petits et la bonne, et moi je prendrai un cheval au manège. Cela me fera du bien. »

Et pendant toute la semaine on ne parla que de l'excursion
50 projetée.

Chaque soir, en rentrant du bureau, Hector saisissait son fils aîné, le plaçait à califourchon sur sa jambe, et, en le faisant sauter de toute sa force, il lui disait :

---

71. *Break :* mot anglais qui désigne une voiture à quatre roues, avec deux banquettes longitudinales derrière le siège élevé du cocher.

— QUESTIONS —

50. Quel est le but de cette introduction ? Sur quelles idées se fonde la conception de l'existence du narrateur ? — L'évocation d'une classe sociale : quels en sont les traits principaux ?

« Voilà comment il galopera, papa, dimanche prochain, à la
55 promenade. »

Et le gamin, tout le jour, enfourchait les chaises et les traî-
nait autour de la salle en criant :

« C'est papa à dada. »

Et la bonne elle-même regardait Monsieur d'un œil émer-
60 veillé, en songeant qu'il accompagnerait la voiture à cheval ; et
pendant tous les repas elle l'écoutait parler d'équitation,
raconter ses exploits de jadis, chez son père. Oh ! il avait été à
bonne école, et, une fois la bête entre ses jambes, il ne craignait rien, mais rien !

65 Il répétait à sa femme en se frottant les mains :

« Si on pouvait me donner un animal un peu difficile, je
serais enchanté. Tu verras comme je monte ; et, si tu veux, nous
reviendrons par les Champs-Elysées au moment du retour du
Bois. Comme nous ferons bonne figure, je ne serais pas fâché de
70 rencontrer quelqu'un du ministère. Il n'en faut pas plus pour
se faire respecter de ses chefs. »

Au jour dit, la voiture et le cheval arrivèrent en même temps
devant la porte. Il descendit aussitôt, pour examiner sa monture.
Il avait fait coudre des sous-pieds à son pantalon, et manœu-
75 vrait une cravache achetée la veille.

Il leva et palpa, l'une après l'autre, les quatre jambes de la
bête, tâta le cou, les côtes, les jarrets, éprouva du doigt les reins,
ouvrit la bouche, examina les dents, déclara son âge, et, comme
toute la famille descendait, il fit une sorte de petit cours théo-
80 rique et pratique sur le cheval en général et en particulier sur
celui-là, qu'il reconnaissait excellent.

Quand tout le monde fut bien placé dans la voiture, il vérifia
les sangles de la selle ; puis, s'enlevant sur un étrier, il retomba
sur l'animal, qui se mit à danser sous la charge et faillit désar-
85 çonner son cavalier.

Hector, ému, tâchait de le calmer :

« Allons, tout beau, mon ami, tout beau. »

Puis, quand le porteur eut repris sa tranquillité et le porté
son aplomb, celui-ci demanda :

90 « Est-on prêt ? »

Toutes les voix répondirent :

« Oui. »

Alors, il commanda :

« En route ! »

95 Et la cavalcade s'éloigna.

Tous les regards étaient tendus sur lui. Il trottait à l'anglaise en exagérant les ressauts. A peine était-il retombé sur la selle qu'il rebondissait comme pour monter dans l'espace. Souvent il semblait prêt à s'abattre sur la crinière; et il tenait ses yeux fixes devant lui, ayant la figure crispée et les joues pâles.

Sa femme, gardant sur ses genoux un des enfants, et la bonne qui portait l'autre, répétaient sans cesse :

« Regardez papa, regardez papa ! »

Et les deux gamins, grisés par le mouvement, la joie et l'air vif, poussaient des cris aigus. Le cheval, effrayé par ces clameurs, finit par prendre le galop, et, pendant que le cavalier s'efforçait de l'arrêter, le chapeau roula par terre. Il fallut que le cocher descendît de son siège pour ramasser cette coiffure, et, quand Hector l'eut reçue de ses mains, il s'adressa de loin à sa femme :

« Empêche donc les enfants de crier comme ça : tu me ferais emporter ! »

On déjeuna sur l'herbe, dans les bois du Vésinet[72], avec les provisions déposées dans les coffres.

Bien que le cocher prît soin des trois chevaux, Hector à tout moment se levait pour aller voir si le sien ne manquait de rien; et il le caressait sur le cou, lui faisant manger du pain, des gâteaux, du sucre.

Il déclara :

« C'est un rude trotteur. Il m'a même un peu secoué dans les premiers moments; mais tu as vu que je m'y suis vite remis : il a reconnu son maître, il ne bougera plus maintenant. »

Comme il avait été décidé, on revint par les Champs-Élysées. **(51)**

La vaste avenue fourmillait de voitures. Et, sur les côtés, les promeneurs étaient si nombreux qu'on eût dit deux longs rubans noirs se déroulant, depuis l'Arc de Triomphe jusqu'à la place de la Concorde. Une averse de soleil tombait sur tout ce monde, faisait étinceler le vernis des calèches, l'acier des harnais, les poignées des portières.

---

72. *Le Vésinet :* petite commune des environs de Paris sur le bord de Seine.

— **QUESTIONS** —————————————————

51. Expliquez l'intérêt de ce passage pour la suite du récit. Étudiez-en la composition en soulignant le contraste entre les rêves et la réalité. — Analysez en particulier le comportement d'Hector de Gribelin avant et pendant la promenade. — Quel incident préfigure la suite des événements ? Pourquoi ne change-t-on pas l'itinéraire du retour ?

Une folie de mouvement, une ivresse de vie semblait agiter cette foule de gens, d'équipages et de bêtes. Et l'Obélisque, là-bas, se dressait dans une buée d'or.

Le cheval d'Hector, dès qu'il eut dépassé l'Arc de Triomphe,
135 fut saisi soudain d'une ardeur nouvelle, et il filait à travers les rues, au grand trot, vers l'écurie, malgré toutes les tentatives d'apaisement de son cavalier.

La voiture était loin maintenant, loin derrière; et voilà qu'en face du Palais de l'Industrie, l'animal se voyant du champ,
140 tourna à droite et prit le galop.

Une vieille femme en tablier traversait la chaussée d'un pas tranquille; elle se trouvait juste sur le chemin d'Hector, qui arrivait à fond de train. Impuissant à maîtriser sa bête, il se mit à crier de toute sa force :
145 « Holà! hé! holà! là-bas! »

Elle était sourde peut-être, car elle continua paisiblement sa route jusqu'au moment où, heurtée par le poitrail du cheval lancé comme une locomotive, elle alla rouler dix pas plus loin, les jupes en l'air, après trois culbutes sur la tête.
150 Des voix criaient :

« Arrêtez-le! »

Hector, éperdu, se cramponnait à la crinière en hurlant :
« Au secours! »

Une secousse terrible le fit passer comme une balle par-
155 dessus les oreilles de son coursier et tomber dans les bras d'un sergent de ville qui venait de se jeter à sa rencontre.

En une seconde, un groupe furieux, gesticulant, vociférant, se forma autour de lui. Un vieux monsieur, surtout, un vieux monsieur portant une grande décoration ronde et de grandes
160 moustaches blanches, semblait exaspéré. Il répétait :

« Sacrebleu[73], quand on est maladroit comme ça, on reste chez soi. On ne vient pas tuer les gens dans la rue quand on ne sait pas conduire un cheval. »

Mais quatre hommes, portant la vieille, apparurent. Elle
165 semblait morte, avec sa figure jaune et son bonnet de travers, tout gris de poussière.

« Portez cette femme chez un pharmacien, commanda le vieux monsieur, et allons chez le commissaire de police. »

Hector, entre les deux agents, se mit en route. Un troi-
170 sième tenait son cheval. Une foule suivait; et soudain le break

---

73. *Sacrebleu :* juron, altération de *sacredieu.*

parut. Sa femme s'élança, la bonne perdait la tête, les marmots piaillaient. Il expliqua qu'il allait rentrer, qu'il avait renversé une femme, que ce n'était rien. Et sa famille, affolée, s'éloigna.

75 Chez le commissaire, l'explication fut courte. Il donna son nom, Hector de Gribelin, attaché au ministère de la Marine ; et on attendit des nouvelles de la blessée. Un agent envoyé aux renseignements revint. Elle avait repris connaissance, mais elle souffrait effroyablement en dedans, disait-elle. C'était une 80 femme de ménage, âgée de soixante-cinq ans, et dénommée Mme Simon.

Quand il sut qu'elle n'était pas morte, Hector reprit espoir et promit de subvenir aux frais de sa guérison. Puis il courut chez le pharmacien.

85 Une cohue stationnait devant la porte ; la bonne femme, affaissée dans un fauteuil, geignait, les mains inertes, la face abrutie. Deux médecins l'examinaient encore. Aucun membre n'était cassé, mais on craignait une lésion interne.

Hector lui parla :

90 « Souffrez-vous beaucoup ?

— Oh! oui.

— Où ça ?

— C'est comme un feu que j'aurais dans les estomacs. »

Un médecin s'approcha :

95 « C'est vous, Monsieur, qui êtes l'auteur de l'accident ?

— Oui, Monsieur.

— Il faudrait envoyer cette femme dans une maison de santé ; j'en connais une où on la recevrait à six francs par jour. Voulez-vous que je m'en charge ? »

00 Hector, ravi, remercia et rentra chez lui soulagé.

Sa femme l'attendait dans les larmes : il l'apaisa.

« Ce n'est rien, cette dame Simon va déjà mieux, dans trois jours, il n'y paraîtra plus ; je l'ai envoyée dans une maison de santé ; ce n'est rien. »

05 Ce n'est rien ! **(52)**

─────── **QUESTIONS** ───────

52. Notez les effets de mouvement et de lumière dans la description des Champs-Elysées. Dans quelle mesure ce tableau peint-il également la vie sociale à la fin du XIXe siècle ? — L'impuissance d'Hector à maîtriser son cheval est-elle comique ou tragique ? Pouvez-vous estimer le rôle de la fatalité dans cet accident ? — L'âge et la profession de Mme Simon ont-ils une importance pour la suite du récit ? — Comment l'exclamation du narrateur *Ce n'est rien !* relance-t-elle le récit ?

« Impuissant
à maîtriser
sa bête,
il se mit à crier
de toute
sa force. »
(Page 92,
lignes 143-144.)
Dessin de
Constantin Guys.

Phot. X.

En sortant de son bureau, le lendemain, il alla prendre des nouvelles de Mme Simon. Il la trouva en train de manger un bouillon gras d'un air satisfait.

« Eh bien? » dit-il.

Elle répondit :

« Oh! mon pauv' monsieur. ça n' change pas. Je me sens quasiment anéantie. N'y a pas de mieux. »

Le médecin déclara qu'il fallait attendre, une complication pouvant survenir.

Il attendit trois jours, puis il revint. La vieille femme, le teint clair, l'œil limpide, se mit à geindre en l'apercevant :

« Je n' peux pu r'muer, mon pauv' monsieur; je n' peux pu. J'en ai pour jusqu'à la fin de mes jours. »

Un frisson courut dans les os d'Hector. Il demanda le médecin. Le médecin leva les bras :

« Que voulez-vous, Monsieur, je ne sais pas, moi. Elle hurle quand on essaye de la soulever. On ne peut même changer de place son fauteuil sans lui faire pousser des cris déchirants. Je dois croire ce qu'elle me dit, Monsieur; je ne suis pas dedans. Tant que je ne l'aurai pas vue marcher, je n'ai pas le droit de supposer un mensonge de sa part. »

La vieille écoutait, immobile, l'œil sournois.

Huit jours se passèrent; puis quinze, puis un mois. Mme Simon ne quittait pas son fauteuil. Elle mangeait du matin au soir, engraissait, causait gaiement avec les autres malades, semblait accoutumée à l'immobilité comme si c'eût été le repos bien gagné par ses cinquante ans d'escaliers montés et descendus, de matelas retournés, de charbon porté d'étage en étage, de coups de balai et de coups de brosse.

Hector, éperdu, venait chaque jour; chaque jour il la trouvait tranquille et sereine, et déclarant :

« Je n' peux pu r'muer, mon pauv' monsieur, je n' peux pu. »

Chaque soir, Mme de Gribelin demandait, dévorée d'angoisse :

« Et Mme Simon? »

Et, chaque fois, il répondait avec un abattement désespéré :

« Rien de changé, absolument rien! »

On renvoya la bonne, dont les gages devenaient trop lourds. On économisa davantage encore, la gratification tout entière y passa.

Alors Hector assembla quatre grands médecins qui se réunirent autour de la vieille. Elle se laissa examiner, tâter, palper, en les guettant d'un œil malin.

« Il faut la faire marcher », dit l'un.

Elle s'écria :

250 « Je n' peux pu, mes bons messieurs, je n' peux pu ! »

Alors ils l'empoignèrent, la soulevèrent, la traînèrent quelques pas ; mais elle leur échappa des mains et s'écroula sur le plancher en poussant des clameurs si épouvantables qu'ils la reportèrent sur son siège avec des précautions infinies.

255 Ils émirent une opinion discrète, concluant cependant à l'impossibilité du travail.

Et, quand Hector apporta cette nouvelle à sa femme, elle se laissa choir sur une chaise en balbutiant :

« Il vaudrait encore mieux la prendre ici, ça nous coûterait
260 moins cher. »

Il bondit :

« Ici, chez nous, y penses-tu ? »

Mais elle répondit, résignée à tout maintenant, et avec des larmes dans les yeux :

265 « Que veux-tu, mon ami, ce n'est pas ma faute !... » **(53) (54)**

(14 janvier 1883.)

XII

MADAME HERMET[74]

Les fous m'attirent[75]. Ces gens-là vivent dans un pays mystérieux de songes bizarres, dans ce nuage impénétrable de la démence où tout ce qu'ils ont vu sur la terre, tout ce qu'ils ont aimé, tout ce qu'ils ont fait recommence pour eux dans une
5 existence imaginée en dehors de toutes les lois qui gouvernent les choses et régissent la pensée humaine.

Pour eux l'impossible n'existe plus, l'invraisemblable disparaît, le féerique devient constant et le surnaturel familier. Cette vieille barrière, la logique, cette vieille muraille, la raison, cette
10 vieille rampe des idées, le bon sens, se brisent, s'abattent, s'écroulent devant leur imagination lâchée en liberté, échappée dans le pays illimité de la fantaisie, et qui va par bonds fabuleux sans que rien l'arrête. Pour eux tout arrive et tout peut

---

74. *Madame Hermet* parut dans *Gil Blas* le 12 janvier 1887. A l'automne de cette même année, Maupassant était à Tunis et visitait l'asile de la ville ; 75. Maupassant assiste avec intérêt aux cours du psychiatre Charcot, de la Salpêtrière.

———— **QUESTIONS** ————

Questions 53 et 54, v. p. 97.

arriver. Ils ne font point d'efforts pour vaincre les événements,
15 dompter les résistances, renverser les obstacles. Il suffit d'un
caprice de leur volonté illusionnante pour qu'ils soient princes,
empereurs ou dieux, pour qu'ils possèdent toutes les richesses
du monde, toutes les choses savoureuses de la vie, pour qu'ils
jouissent de tous les plaisirs, pour qu'ils soient toujours forts,
20 toujours beaux, toujours jeunes, toujours chéris! Eux seuls
peuvent être heureux sur la terre, car, pour eux, la Réalité
n'existe plus. J'aime à me pencher sur leur esprit vagabond,
comme on se penche sur un gouffre où bouillonne tout au fond
un torrent inconnu, qui vient on ne sait d'où et va on ne sait où.
25 Mais à rien ne sert de se pencher sur ces crevasses, car jamais
on ne pourra savoir d'où vient cette eau, où va cette eau.
Après tout, ce n'est que de l'eau pareille à celle qui coule au
grand jour, et la voir ne nous apprendrait pas grand'chose.

A rien ne sert non plus de se pencher sur l'esprit des fous,
30 car leurs idées les plus bizarres ne sont, en somme, que des
idées déjà connues, étranges seulement, parce qu'elles ne sont
pas enchaînées par la Raison. Leur source capricieuse nous
confond de surprise parce qu'on ne la voit pas jaillir. Il a suffi
sans doute d'une petite pierre tombée dans son cours pour pro-
35 duire ces bouillonnements. Pourtant les fous m'attirent toujours,
et toujours je reviens vers eux, appelé malgré moi par ce mystère
banal de la démence. **(55)**

─────────── **QUESTIONS** ───────────

53. Le repos de Mme Simon est-il « bien gagné » ? Est-elle toujours une
victime ? — Que signifie le verdict des médecins pour elle ? pour Hector
et sa famille ? — Pourquoi le récit s'interrompt-il sur les paroles de
Mme de Gribelin ? Quel en est l'effet ?

54. SUR L'ENSEMBLE DU RÉCIT. — Montrez que la structure du récit
illustre la disproportion entre le but et les conséquences de la promenade.
— Un type social : le fils de famille raté. L'employé de bureau :
recensez les détails qui décrivent son existence et sa mentalité.
— Le naturalisme : appréciez les influences des origines, de l'éducation, du milieu et de la profession d'Hector de Gribelin sur son caractère, son comportement et sa destinée.
— Mme Simon : quelle est l'attitude du narrateur à son égard ? L'ironie
du conteur : donnez-en des exemples précis. Comparez ce récit avec *la
Parure* (I, xiv).

55. Quelle portée donne à ce préambule l'emploi du *je* ? Commentez le
ton et le style de ce passage : rythmes, images, vocabulaire. — De quoi
procède l'attirance du narrateur pour les fous ? Relève-t-elle de la seule
curiosité ? Notez les thèmes esquissés du pessimisme de Maupassant.
Quelle valeur prennent ici les images de l'eau ? — Analysez le mouvement de la pensée dans tout ce passage.

Bal à la
Closerie
des Lilas, dans
le jardin Bullier.

Paris,
musée
du Montparnasse.

Phot. Marc Vaux

Or, un jour, comme je visitais un de leurs asiles, le médecin qui me conduisait me dit :

40 « Tenez, je vais vous montrer un cas intéressant. »

Et il fit ouvrir une cellule où une femme âgée d'environ quarante ans, encore belle, assise dans un grand fauteuil, regardait avec obstination son visage dans une petite glace à main.

Dès qu'elle nous aperçut, elle se dressa, courut au fond de
45 l'appartement chercher un voile jeté sur une chaise, s'enveloppa la figure avec grand soin, puis revint, en répondant d'un signe de tête à nos saluts.

« Eh bien! dit le docteur, comment allez-vous, ce matin? »

Elle poussa un profond soupir.

50 « Oh! mal, très mal, Monsieur, les marques augmentent tous les jours. »

Il répondit avec un air convaincu :

« Mais non, mais non, je vous assure que vous vous trompez. »

55 Elle se rapprocha de lui pour murmurer :

« Non. J'en suis certaine. J'ai compté dix trous de plus ce matin, trois sur la joue droite, quatre sur la joue gauche et trois sur le front. C'est affreux, affreux! Je n'oserai plus me laisser voir à personne, pas même à mon fils, non, pas même à lui! Je
60 suis perdue, je suis défigurée pour toujours. »

Elle retomba sur son fauteuil et se mit à sangloter.

Le médecin prit une chaise, s'assit près d'elle, et d'une voix douce, consolante :

« Voyons, montrez-moi ça, je vous assure que ce n'est rien.
65 Avec une petite cautérisation je ferai tout disparaître. »

Elle répondit « non » de la tête, sans une parole. Il voulut toucher son voile, mais elle le saisit à deux mains si fort que ses doigts entrèrent dedans.

Il se remit à l'exhorter et à la rassurer.

70 « Voyons, vous savez bien que je vous les enlève toutes les fois, ces vilains trous, et qu'on ne les aperçoit plus du tout quand je les ai soignés. Si vous ne me les montrez pas, je ne pourrai point vous guérir. »

Elle murmura :

75 « A vous encore je veux bien, mais je ne connais pas ce monsieur qui vous accompagne.

— C'est aussi un médecin, qui vous soignera encore bien mieux que moi. »

Alors elle se laissa découvrir la figure, mais sa peur, son

80 émotion, sa honte d'être vue la rendaient rouge jusqu'à la chair du cou qui s'enfonçait dans sa robe. Elle baissait les yeux, tournait son visage, tantôt à droite, tantôt à gauche, pour éviter nos regards, et balbutiait :

« Oh! Je souffre affreusement de me laisser voir ainsi! C'est
85 horrible, n'est-ce pas? C'est horrible? »

Je la contemplais fort surpris, car elle n'avait rien sur la face, pas une marque, pas une tache, pas un signe ni une cicatrice.

Elle se tourna vers moi, les yeux toujours baissés et me dit :

« C'est en soignant mon fils que j'ai gagné cette épouvantable
90 maladie, Monsieur. Je l'ai sauvé, mais je suis défigurée. Je lui ai donné ma beauté, à mon pauvre enfant. Enfin, j'ai fait mon devoir, ma conscience est tranquille. Si je souffre, il n'y a que Dieu qui le sait. »

Le docteur avait tiré de sa poche un mince pinceau d'aqua-
95 relliste.

« Laissez faire, dit-il, je vais vous arranger tout cela. »

Elle tendit sa joue droite et il commença à la toucher par coups légers, comme s'il eût posé dessus de petits points de couleur. Il en fit autant sur la joue gauche, puis sur le menton,
100 puis sur le front; puis il s'écria :

« Regardez, il n'y a plus rien, plus rien! »

Elle prit la glace, se contempla longtemps avec une attention profonde, une attention aiguë, avec un effort violent de tout son esprit, pour découvrir quelque chose, puis elle soupira :

105 « Non. Ça ne se voit plus beaucoup. Je vous remercie infiniment. »

Le médecin s'était levé. Il la salua, me fit sortir puis me suivit; et, dès que la porte fut refermée :

« Voici l'histoire atroce de cette malheureuse », dit-il. **(56)**

110 Elle s'appelle Mme Hermet. Elle fut très belle, très coquette, très aimée et très heureuse de vivre.

C'était une de ces femmes qui n'ont au monde que leur beauté et leur désir de plaire pour les soutenir, les gouverner ou les consoler dans l'existence. Le souci constant de sa fraîcheur, les
115 soins de son visage, de ses mains, de ses dents, de toutes les parcelles de son corps qu'elle pouvait montrer prenaient toutes ses heures et toute son attention.

Elle devint veuve, avec un fils. L'enfant fut élevé comme le

QUESTIONS

Question 56, v. p. 101.

sont tous les enfants des femmes du monde très admirées. Elle
120 l'aima pourtant.

Il grandit ; et elle vieillit. Vit-elle venir la crise fatale, je n'en
sais rien. A-t-elle, comme tant d'autres, regardé chaque matin
pendant des heures et des heures la peau si fine jadis, si transparente et si claire, qui maintenant se plisse un peu sous les yeux,
125 se fripe de mille traits encore imperceptibles, mais qui se creu-
seront davantage jour par jour, mois par mois ? A-t-elle vu
s'agrandir aussi, sans cesse, d'une façon lente et sûre les longues
rides du front, ces minces serpents que rien n'arrête ? A-t-elle
subi la torture, l'abominable torture du miroir, du petit miroir
130 à poignée d'argent qu'on ne peut se décider à reposer sur la
table, puis qu'on rejette avec rage et qu'on reprend aussitôt,
pour revoir, de tout près, de plus près, l'odieux et tranquille
ravage de la vieillesse qui s'approche ? S'est-elle enfermée dix
fois, vingt fois en un jour, quittant sans raison le salon où
135 causent des amies, pour remonter dans sa chambre et, sous la
protection des verrous et des serrures, regarder encore le travail de destruction de la chair mûre qui se fane, pour constater
avec désespoir le progrès léger du mal que personne encore ne
semble voir, mais qu'elle connaît bien, elle ? Elle sait où sont ses
140 attaques les plus graves, les plus profondes morsures de l'âge.
Et le miroir, le petit miroir tout rond dans son cadre d'argent
ciselé, lui dit d'abominables choses car il parle, il semble rire,
il raille et lui annonce tout ce qui va venir, toutes les misères
de son corps, et l'atroce supplice de sa pensée jusqu'au jour de
145 sa mort, qui sera celui de sa délivrance.

A-t-elle pleuré, éperdue, à genoux, le front par terre, et prié,
prié, prié Celui qui tue ainsi les êtres et ne leur donne la jeunesse que pour leur rendre plus dure la vieillesse, et ne leur
prête la beauté que pour la reprendre aussitôt ; l'a-t-elle prié,
150 supplié de faire pour elle ce que jamais il n'a fait pour personne,
de lui laisser jusqu'à son dernier jour, le charme, la fraîcheur et
la grâce ? Puis, comprenant qu'elle implore en vain l'inflexible
Inconnu qui pousse les ans, l'un après l'autre, s'est-elle roulée,
en se tordant les bras, sur les tapis de sa chambre, a-t-elle
155 heurté son front aux meubles en retenant dans sa gorge des cris
affreux de désespoir ?

──────── **QUESTIONS** ────────

56. Précisez la nature de la folie de Mme Hermet. L'explication que
donne celle-ci peut-elle satisfaire la curiosité du narrateur et celle du lecteur ?

Sans doute elle a subi ces tortures. Car voici ce qui arriva¹ (57) :

Un jour (elle avait alors trente-cinq ans) son fils, âgé de
160 quinze, tomba malade.

Il prit le lit sans qu'on pût encore déterminer d'où provenait sa souffrance et quelle en était la nature.

Un abbé, son précepteur, veillait près de lui et ne le quittait guère, tandis que Mme Hermet, matin et soir, venait prendre de
165 ses nouvelles.

Elle entrait, le matin, en peignoir de nuit, souriante, toute parfumée déjà, et demandait, dès la porte :

« Eh bien! Georges, allons-nous mieux? »

Le grand enfant, rouge, la figure gonflée, et rongé par la
170 fièvre, répondait :

« Oui, petite mère, un peu mieux. »

Elle demeurait quelques instants dans la chambre, regardait les bouteilles de drogues en faisant « pouah » du bout des lèvres, puis soudain s'écriait : « Ah! j'oubliais une chose très urgente » ;
175 et elle se sauvait en courant et laissant derrière elle de fines odeurs de toilette.

Le soir, elle apparaissait en robe décolletée, plus pressée encore, car elle était toujours en retard; et elle avait juste le temps de demander :
180 « Eh bien, qu'a dit le médecin? »

L'abbé répondait :

« Il n'est pas encore fixé, Madame. »

Or, un soir, l'abbé répondit : « Madame, votre fils est atteint de la petite vérole. »
185 Elle poussa un grand cri de peur, et se sauva.

Quand sa femme de chambre entra chez elle le lendemain, elle sentit d'abord dans la pièce une forte odeur de sucre brûlé, et elle trouva sa maîtresse, les yeux grands ouverts, le visage pâli par l'insomnie et grelottant d'angoisse dans son lit.
190 Mme Hermet demanda, dès que ses contrevents furent ouverts :

─────── QUESTIONS ───────

57. Quel intérêt cette hypothèse de l'aliéniste présente-t-elle pour la compréhension du drame qui va être raconté ? — Qu'est-ce qui donne à ce passage un ton pathétique et personnel ? — Comment la conception d'un dieu sadique se rattache-t-elle à l'angoisse de la déchéance physique ?

« Comment va Georges?

— Oh! pas bien du tout aujourd'hui, Madame. »

Elle ne se leva qu'à midi, mangea deux œufs avec une tasse
195 de thé, comme si elle-même eût été malade, puis elle sortit et
s'informa chez un pharmacien des méthodes préservatrices
contre la contagion de la petite vérole.

Elle ne rentra qu'à l'heure du dîner, chargée de fioles, et s'enferma aussitôt dans sa chambre, où elle s'imprégna de désin-
200 fectants.

L'abbé l'attendait dans la salle à manger.

Dès qu'elle l'aperçut, elle s'écria, d'une voix pleine d'émotion :

« Eh bien?

205 — Oh! pas mieux. Le docteur est fort inquiet. »

Elle se mit à pleurer, et ne put rien manger tant elle se sentait
tourmentée.

Le lendemain, dès l'aurore, elle fit prendre des nouvelles, qui
ne furent pas meilleures, et elle passa tout le jour dans sa
210 chambre où fumaient de petits brasiers en répandant de fortes
odeurs. Sa domestique, en outre, affirma qu'on l'entendit gémir
pendant toute la soirée.

Une semaine entière se passa ainsi sans qu'elle fît autre
chose que sortir une heure ou deux pour prendre l'air, vers le
215 milieu de l'après-midi.

Elle demandait maintenant des nouvelles toutes les heures,
et sanglotait quand elles étaient plus mauvaises.

Le onzième jour au matin, l'abbé, s'étant fait annoncer, entra
chez elle, le visage grave et pâle et il dit, sans prendre le siège
220 qu'elle lui offrait :

« Madame, votre fils est fort mal, et il désire vous voir. »

Elle se jeta sur les genoux en s'écriant :

« Ah! mon Dieu! Ah! mon Dieu! Je n'oserai jamais! Mon
Dieu! Mon Dieu! secourez-moi! »

225 Le prêtre reprit :

« Le médecin garde peu d'espoir, Madame, et Georges vous
attend! »

Puis il sortit.

Deux heures plus tard, comme le jeune homme, se sentant
230 mourir, demandait sa mère de nouveau, l'abbé rentra chez elle
et la trouva toujours à genoux, pleurant toujours et répétant :

« Je ne veux pas... je ne veux pas... J'ai trop peur... je ne veux
pas... »

Il essaya de la décider, de la fortifier, de l'entraîner. Il ne
235 parvint qu'à lui donner une crise de nerfs qui dura longtemps
et la fit hurler.

Le médecin étant revenu vers le soir, fut informé de cette
lâcheté, et déclara qu'il l'amènerait, lui, de gré ou de force. Mais
après avoir essayé de tous les arguments, comme il la soulevait
240 par la taille pour l'emporter près de son fils, elle saisit la porte
et s'y cramponna avec tant de force qu'on ne put l'en arracher.
Puis, lorsqu'on l'eut lâchée, elle se prosterna aux pieds du
médecin, en demandant pardon, en s'excusant d'être une misérable. Et elle criait : « Oh! il ne va pas mourir, dites-moi qu'il
245 ne va pas mourir, je vous en prie, dites-lui que je l'aime, que je
l'adore... »

Le jeune homme agonisait. Se voyant à ses derniers moments,
il supplia qu'on décidât sa mère à lui dire adieu. Avec cette
espèce de pressentiment qu'ont parfois les moribonds, il avait
250 tout compris, tout deviné et il disait : « Si elle n'ose pas entrer,
priez-la seulement de venir par le balcon jusqu'à ma fenêtre
pour que je la voie, au moins, pour que je lui dise adieu d'un
regard puisque je ne puis pas l'embrasser. »

Le médecin et l'abbé retournèrent encore vers cette femme :
255 « Vous ne risquerez rien, affirmaient-ils, puisqu'il y aura une
vitre entre vous et lui. »

Elle consentit, se couvrit la tête, prit un flacon de sels, fit
trois pas sur le balcon, puis soudain, cachant sa figure dans
ses mains, elle gémit : « Non... non... je n'oserai jamais le voir...
260 jamais... j'ai trop de honte... j'ai trop peur... non, je ne peux
pas. »

On voulut la traîner, mais elle tenait à pleines mains les
barreaux et poussait de telles plaintes que les passants, dans la
rue, levaient la tête.

265 Et le mourant attendait, les yeux tournés vers cette fenêtre,
il attendait, pour mourir, qu'il eût vu une dernière fois la figure
douce et bien-aimée, le visage sacré de sa mère.

Il attendit longtemps, et la nuit vint. Alors il se retourna vers
le mur et ne prononça plus une parole.
270 Quand le jour parut, il était mort. Le lendemain, elle était
folle. **(58) (59)**

(18 janvier 1887.)

─────────── QUESTIONS ───────────

Questions 58 et 59, v. p. 105.

B. CONTES ET NOUVELLES
DU DÉSENCHANTEMENT

[LES DRAMES DE LA MISÈRE]

XIII

AUX CHAMPS[76]

A Octave Mirbeau[77].

Les deux chaumières étaient côte à côte, au pied d'une colline, proches d'une petite ville de bains. Les deux paysans besognaient dur sur la terre féconde pour élever tous leurs petits. Chaque ménage en avait quatre. Devant les deux portes voi-
5 sines, toute la marmaille grouillait du matin au soir. Les deux aînés avaient six ans et les deux cadets quinze mois environ ; les mariages, et, ensuite, les naissances s'étaient produites à peu près simultanément dans l'une et l'autre maison.

Les deux mères distinguaient à peine leurs produits dans le
10 tas ; et les deux pères confondaient tout à fait. Les huit noms dansaient dans leur tête, se mêlaient sans cesse ; et, quand il fallait en appeler un, les hommes souvent en criaient trois avant d'arriver au véritable.

La première des deux demeures, en venant de la station
15 d'eaux de Rolleport[78], était occupée par les Tuvache, qui avaient trois filles et un garçon ; l'autre masure abritait les Vallin, qui avaient une fille et trois garçons.

---

76. Ce conte parut dans *le Gaulois* le 31 octobre 1882 ; 77. *Octave Mirbeau* (1848-1917) : écrivain d'inspiration naturaliste, ami du groupe de Médan, connu d'abord comme journaliste, puis comme romancier ; 78. *Rolleport* : lieu imaginaire, mais de consonance normande.

──────── QUESTIONS ────────

58. Quel conflit est à l'origine du tourment de Mme Hermet ? A quoi tient l'intensité tragique de ce passage ? Comparez la souffrance de Mme Hermet à celle de Georges. Précisez l'origine de la folie de Mme Hermet.

59. SUR L'ENSEMBLE DU RÉCIT. — Expliquez sa composition : définissez le rôle du préambule. Quelles sont les autres parties du conte ? Quel est l'ordre adopté par le narrateur ? Pourquoi ?
— L'intention du narrateur : peut-on deviner le jugement qu'il porte sur le cas de Mme Hermet ? Comment l'a-t-il nuancé ?
— La pensée de l'auteur : étudiez le pessimisme de Maupassant à travers ce récit.

Tout cela vivait péniblement de soupe, de pommes de terre
et de grand air. A sept heures, le matin, puis à midi, puis à six
20 heures, le soir, les ménagères réunissaient leurs mioches pour
donner la pâtée, comme des gardeurs d'oies assemblent leurs
bêtes. Les enfants étaient assis, par rang d'âge, devant la table en
bois, vernie par cinquante ans d'usage. Le dernier moutard
avait à peine la bouche au niveau de la planche. On posait
25 devant eux l'assiette pleine de pain molli dans l'eau où avaient
cuit les pommes de terre, un demi-chou et trois oignons ; et toute
la lignée mangeait jusqu'à plus faim. La mère empâtait[79] elle-
même le petit. Un peu de viande au pot-au-feu, le dimanche,
était une fête pour tous ; et le père, ce jour-là, s'attardait au
30 repas en répétant : « Je m'y ferais bien tous les jours. »

Par un après-midi du mois d'août, une légère voiture s'arrêta
brusquement devant les deux chaumières, et une jeune femme,
qui conduisait elle-même, dit au monsieur assis à côté d'elle :

« Oh ! regarde, Henri, ce tas d'enfants ! Sont-ils jolis, comme
35 ça, à grouiller dans la poussière ! »

L'homme ne répondit rien, accoutumé à ces admirations qui
étaient une douleur et presque un reproche pour lui.

La jeune femme reprit :

« Il faut que je les embrasse ! Oh ! comme je voudrais en avoir
40 un, celui-là, le tout-petit. »

Et, sautant de la voiture, elle courut aux enfants, prit un des
deux derniers, celui des Tuvache, et, l'enlevant dans ses bras,
elle le baisa passionnément sur ses joues sales, sur ses cheveux
blonds frisés et pommadés de terre, sur ses menottes qu'il agi-
45 tait pour se débarrasser des caresses ennuyeuses.

Puis elle remonta dans sa voiture et partit au grand trot.
Mais elle revint la semaine suivante, s'assit elle-même par terre,
prit le moutard dans ses bras, le bourra de gâteaux, donna des
bonbons à tous les autres ; et joua avec eux comme une gamine,
50 tandis que son mari attendait patiemment dans sa frêle voiture.

Elle revint encore, fit connaissance avec les parents, reparut
tous les jours, les poches pleines de friandises et de sous.

Elle s'appelait Mme Henri d'Hubières. **(60)**

---

79. *Empâter* : engraisser une volaille ; il s'agit d'une image.

QUESTIONS

60. Par quels procédés l'auteur a-t-il souligné l'identité de condition
des deux familles ? — Définissez les qualités de cette « exposition ».

Un matin, en arrivant, son mari descendit avec elle; et, sans
s'arrêter aux mioches, qui la connaissaient bien maintenant,
elle pénétra dans la demeure des paysans.

Ils étaient là, en train de fendre du bois pour la soupe; ils se
redressèrent tout surpris, donnèrent des chaises et attendirent.
Alors la jeune femme, d'une voix entrecoupée, tremblante,
commença :

« Mes braves gens, je viens vous trouver parce que je voudrais bien... je voudrais bien emmener avec moi votre... votre
petit garçon... »

Les campagnards, stupéfaits et sans idée, ne répondirent pas.
Elle reprit haleine et continua.

« Nous n'avons pas d'enfants; nous sommes seuls, mon mari
et moi... Nous le garderions... voulez-vous? »

La paysanne commençait à comprendre. Elle demanda :

« Vous voulez nous prend'e Charlot? Ah ben non, pour
sûr. »

Alors M. d'Hubières intervint :

« Ma femme s'est mal expliquée. Nous voulons l'adopter,
mais il reviendra vous voir. S'il tourne bien, comme tout porte
à le croire, il sera notre héritier. Si nous avions, par hasard, des
enfants, il partagerait également avec eux. Mais s'il ne répondait pas à nos soins, nous lui donnerions, à sa majorité, une
somme de vingt mille francs[80], qui sera immédiatement déposée
en son nom chez un notaire. Et, comme on a aussi pensé à vous,
on vous servira jusqu'à votre mort une rente de cent francs par
mois. Avez-vous bien compris? »

La fermière s'était levée, toute furieuse.

« Vous voulez que j'vous vendions Charlot? Ah! mais non;
c'est pas des choses qu'on d'mande à une mère, ça! Ah! mais
non! Ce s'rait une abomination. »

L'homme ne disait rien, grave et réfléchi; mais il approuvait
sa femme d'un mouvement continu de la tête.

Mme d'Hubières, éperdue, se mit à pleurer, et, se tournant
vers son mari, avec une voix pleine de sanglots, une voix d'enfant dont tous les désirs ordinaires sont satisfaits, elle balbutia :

« Ils ne veulent pas, Henri, ils ne veulent pas! »

Alors ils firent une dernière tentative.

« Mais, mes amis, songez à l'avenir de votre enfant, à son
bonheur, à... »

---

80. Pour la valeur de l'argent, voir note 45.

La paysanne, exaspérée, lui coupa la parole :

95 « C'est tout vu, c'est tout entendu, c'est tout réfléchi... Allez-vous-en, et pi, que j'vous revoie point par ici. C'est-i permis d'vouloir prendre un éfant[81] comme ça! »

Alors, Mme d'Hubières, en sortant, s'avisa qu'ils étaient deux tout-petits, et elle demanda à travers ses larmes, avec une téna-
100 cité de femme volontaire et gâtée, qui ne veut jamais attendre :

« Mais l'autre petit n'est pas à vous? »

Le père Tuvache répondit :

« Non, c'est aux voisins; vous pouvez y aller, si vous voulez. »

Et il rentra dans sa maison, où retentissait la voix indignée
105 de sa femme.

Les Vallin étaient à table, en train de manger avec lenteur des tranches de pain qu'ils frottaient parcimonieusement avec un peu de beurre piqué au couteau, dans une assiette entre eux deux.

110 M. d'Hubières recommença ses propositions, mais avec plus d'insinuations, de précautions oratoires, d'astuce.

Les deux ruraux hochaient la tête en signe de refus; mais quand ils apprirent qu'ils auraient cent francs par mois, ils se considérèrent, se consultant de l'œil, très ébranlés.

115 Ils gardèrent longtemps le silence, torturés, hésitants. La femme enfin demanda :

« Qué qu't'en dis, l'homme? »

Il prononça d'un ton sentencieux :

« J'dis qu'c'est point méprisable. »

120 Alors Mme d'Hubières, qui tremblait d'angoisse, leur parla de l'avenir du petit, de son bonheur, et de tout l'argent qu'il pourrait leur donner plus tard.

Le paysan demanda :

« C'te rente de douze cents francs, ce s'ra promis d'vant
125 l'notaire? »

M. d'Hubières répondit :

« Mais certainement, dès demain. »

La fermière, qui méditait, reprit :

« Cent francs par mois, c'est point suffisant pour nous pri-
130 ver du p'tit; ça travaillera dans quéqu'z'ans c't'éfant; i nous faut cent vingt francs. »

Mme d'Hubières, trépignant d'impatience, les accorda tout

---

81. *Éfant* : enfant.

de suite ; et, comme elle voulait enlever l'enfant, elle donna cent francs en cadeau pendant que son mari faisait un écrit. Le maire
135 et un voisin, appelés aussitôt, servirent de témoins complaisants.

Et la jeune femme, radieuse, emporta le marmot hurlant, comme on emporte un bibelot désiré d'un magasin.

Les Tuvache, sur leur porte, le regardaient partir, muets,
140 sévères, regrettant peut-être leur refus. **(61)**

On n'entendit plus du tout parler du petit Jean Vallin. Les parents, chaque mois, allaient toucher leurs cent vingt francs chez le notaire ; et ils étaient fâchés avec leurs voisins parce que la mère Tuvache les agonisait d'ignominies, répétant sans cesse
145 de porte en porte qu'il fallait être dénaturé pour vendre son enfant, que c'était une horreur, une saleté, une corromperie[82].

Et parfois elle prenait en ses bras son Charlot avec ostentation, lui criant, comme s'il eût compris :

« J't'ai pas vendu, mé, j't'ai pas vendu, mon p'tiot. J'vends
150 pas m's éfants, mé. J'sieus pas riche, mais vends pas m's éfants. »

Et, pendant des années et encore des années, ce fut ainsi chaque jour ; chaque jour des allusions grossières qui étaient vociférées devant la porte, de façon à entrer dans la maison
155 voisine. La mère Tuvache avait fini par se croire supérieure à toute la contrée parce qu'elle n'avait pas vendu Charlot. Et ceux qui parlaient d'elle disaient :

« J'sais ben que c'était engageant[83], c'est égal, elle s'a conduite comme une bonne mère. »
160 On la citait ; et Charlot, qui prenait dix-huit ans, élevé dans cette idée qu'on lui répétait sans répit, se jugeait lui-même supérieur à ses camarades, parce qu'on ne l'avait pas vendu.

Les Vallin vivotaient à leur aise, grâce à la pension. La fureur inapaisable des Tuvache, restés misérables, venait de là.

---

82. *Corromperie* : néologisme pour *corruption* ; 83. *Engageant* : tentant, séduisant.

──────── **QUESTIONS** ────────

61. La scène de la proposition de M. d'Hubières se répète-t-elle exactement de la même façon d'une maison à l'autre ? Pourquoi ? — Comment s'explique l'acceptation des Vallin en comparaison du refus des Tuvache ? — A quels détails devine-t-on le jugement du narrateur ?

165 Leur fils aîné partit au service. Le second mourut[84], Charlot resta seul à peiner avec le vieux père pour nourrir la mère et deux autres sœurs cadettes qu'il avait. **(62)**

Il prenait vingt et un ans, quand, un matin, une brillante voiture s'arrêta devant les deux chaumières. Un jeune monsieur,
170 avec une chaîne de montre en or, descendit, donnant la main à une vieille dame en cheveux blancs. La vieille dame lui dit :

« C'est là, mon enfant, à la seconde maison. »

Et il entra comme chez lui dans la masure des Vallin.

La vieille mère lavait ses tabliers ; le père, infirme, sommeil-
175 lait près de l'âtre. Tous deux levèrent la tête, et le jeune homme dit :

« Bonjour, papa ; bonjour, maman. »

Ils se dressèrent effarés. La paysanne laissa tomber d'émoi son savon dans son eau et balbutia :
180 « C'est-i té, m'n éfant ? C'est-i té, m'n éfant ? »

Il la prit dans ses bras et l'embrassa, en répétant : « Bonjour, maman. » Tandis que le vieux, tout tremblant, disait, de son ton calme qu'il ne perdait jamais : « Te v'là-t'il revenu, Jean ? » Comme s'il l'avait vu un mois auparavant.
185 Et, quand ils se furent reconnus, les parents voulurent tout de suite sortir le fieu dans le pays pour le montrer. On le conduisit chez le maire, chez l'adjoint, chez le curé, chez l'instituteur.

Charlot, debout sur le seuil de sa chaumière, le regardait passer.
190 Le soir au souper, il dit aux vieux :

« Faut-il qu' vous ayez été sots pour laisser prendre le p'tit aux Vallin ! »

Sa mère répondit obstinément :

« J'voulions point vendre not'éfant. »
195 Le père ne disait rien.

Le fils reprit :

« C'est-il pas malheureux d'être sacrifié comme ça. »

Alors le père Tuvache articula d'un ton coléreux :

« Vas-tu pas nous r'procher d' t'avoir gardé ? »

---

84. Au début du conte, Maupassant annonçait trois filles et un garçon chez les Tuvache, une fille et trois garçons chez les Vallin.

---

62. Analysez la fonction de ce passage entre les deux points culminants du récit. — Étudiez l'emploi des temps dans cette partie du conte. — Qu'est-ce qui distingue désormais les deux familles ?

200 Et le jeune homme, brutalement :

« Oui, j'vous le reproche, que vous n'êtes que des niants[85]. Des parents comme vous ça fait l'malheur des éfants. Qu'vous mériteriez que j'vous quitte. »

La bonne femme en pleurait dans son assiette. Elle gémit
205 tout en avalant des cuillerées de soupe dont elle répandait la moitié :

« Tuez-vous donc pour élever d's éfants ! »

Alors le gars, rudement :

« J'aimerais mieux n'être point né que d'être c'que j'suis.
210 Quand j'ai vu l'autre, tantôt, mon sang n'a fait qu'un tour. Je m'suis dit : — v'là c'que j'serais maintenant. »

Il se leva.

« Tenez, j'sens bien que je ferais mieux de n'pas rester ici, parce que j'vous le reprocherais du matin au soir, et que j'vous
215 ferais une vie d'misère. Ça, voyez-vous, j'vous l'pardonnerai jamais ! »

Les deux vieux se taisaient, atterrés, larmoyants.

Il reprit :

« Non, c't'idée-là, ce serait trop dur. J'aime mieux m'en aller
220 chercher ma vie aut' part. »

Il ouvrit la porte. Un bruit de voix entra. Les Vallin festoyaient avec l'enfant revenu.

Alors Charlot tapa du pied et, se tournant vers ses parents, cria :

225 « Manants[86], va ! »

Et il disparut dans la nuit. **(63) (64)**

(31 octobre 1882.)

---

85. *Niant :* propre à rien, niais ; 86. *Manant :* voir note 5.

─────── **QUESTIONS** ───────

63. Comment est construite cette partie du conte ? — Est-ce le retour de Jean qui constitue le coup de théâtre ? Qu'y a-t-il de paradoxal dans l'attitude des deux fils envers leurs parents respectifs ? — Comparez le tableau final à celui du début.

64. Sur l'ensemble du récit. — Expliquez en quoi la structure du récit est dramatique. Montrez que celui-ci progresse selon un mécanisme subtil de symétries et de contrastes. Quelle est la véritable cause du drame ?
— La philosophie du conte : le sort a-t-il été juste ? Que peut-on en déduire sur le pessimisme profond de l'auteur ?
— Les styles : analysez comment ils soulignent les divers plans du récit : le point de vue des paysans, celui des d'Hubières, celui du narrateur.

XIV

LA PARURE[87]

C'était une de ces jolies et charmantes filles, nées, comme par une erreur du destin, dans une famille d'employés. Elle n'avait pas de dot, pas d'espérances, aucun moyen d'être connue, comprise, aimée, épousée par un homme riche et distingué; et elle se laissa marier avec un petit commis[88] du ministère de l'Instruction publique.

Elle fut simple ne pouvant être parée; mais malheureuse comme une déclassée; car les femmes n'ont point de caste ni de race, leur beauté, leur grâce et leur charme leur servant de naissance et de famille. Leur finesse native, leur instinct d'élégance, leur souplesse d'esprit, sont leur seule hiérarchie, et font des filles du peuple les égales des plus grandes dames.

Elle souffrait sans cesse, se sentant née pour toutes les délicatesses et tous les luxes. Elle souffrait de la pauvreté de son logement, de la misère des murs, de l'usure des sièges, de la laideur des étoffes. Toutes ces choses, dont une autre femme de sa caste ne se serait même pas aperçue, la torturaient et l'indignaient. La vue de la petite Bretonne qui faisait son humble ménage éveillait en elle des regrets désolés et des rêves éperdus. Elle songeait aux antichambres muettes, capitonnées avec des tentures orientales, éclairées par de hautes torchères[89] de bronze, et aux deux grands valets en culotte courte qui dorment dans les larges fauteuils, assoupis par la chaleur lourde du calorifère. Elle songeait aux grands salons vêtus de soie ancienne, aux meubles fins portant des bibelots inestimables, et aux petits salons coquets, parfumés, faits pour la causerie de cinq heures avec les amis les plus intimes, les hommes connus et recherchés dont toutes les femmes envient et désirent l'attention.

Quand elle s'asseyait, pour dîner, devant la table ronde couverte d'une nappe de trois jours, en face de son mari qui découvrait la soupière en déclarant d'un air enchanté : « Ah! le bon pot-au-feu! je ne sais rien de meilleur que cela... » elle songeait aux dîners fins, aux argenteries reluisantes, aux tapisseries peuplant les murailles de personnages anciens et d'oiseaux étranges au milieu d'une forêt de féerie; elle songeait aux plats exquis

---

87. Ce récit parut dans *le Gaulois* le 17 février 1884; 88. *Commis :* voir note 45; 89. *Torchère :* vase métallique à jour posé sur un pied où l'on fait brûler des matières combustibles, qui donnent ainsi de la lumière.

servis en des vaisselles merveilleuses, aux galanteries chuchotées et écoutées avec un sourire de sphinx, tout en mangeant la chair rose d'une truite ou des ailes de gelinotte[90].

Elle n'avait pas de toilettes, pas de bijoux, rien. Et elle n'ai-
40 mait que cela ; elle se sentait faite pour cela. Elle eût tant désiré plaire, être enviée, être séduisante et recherchée.

Elle avait une amie riche, une camarade de couvent qu'elle ne voulait plus aller voir, tant elle souffrait en revenant. Et elle pleurait pendant des jours entiers, de chagrin, de regret,
45 de désespoir et de détresse. **(65)**

*
**

Or, un soir, son mari rentra, l'air glorieux et tenant à la main une large enveloppe.

« Tiens, dit-il, voici quelque chose pour toi. »

Elle déchira vivement le papier et en tira une carte impri-
50 mée qui portait ces mots :

« Le ministre de l'Instruction publique et Mme Georges Ram-
ponneau prient M. et Mme Loisel de leur faire l'honneur de venir passer la soirée à l'hôtel du ministère, le lundi 18 janvier. »

55 Au lieu d'être ravie, comme l'espérait son mari, elle jeta avec dépit l'invitation sur la table, murmurant :

« Que veux-tu que je fasse de cela ? »

— Mais, ma chérie, je pensais que tu serais contente. Tu ne sors jamais, et c'est une occasion, cela, une belle ! J'ai eu une
60 peine infinie à l'obtenir. Tout le monde en veut ; c'est très recherché et on n'en donne pas beaucoup aux employés. Tu verras là tout le monde officiel. »

Elle le regardait d'un œil irrité, et elle déclara avec impatience :

65 « Que veux-tu que je me mette sur le dos pour aller là ? »

Il n'y avait pas songé ; il balbutia :

---

90. *Gélinotte :* oiseau gallinacé vivant dans les forêts, qui constitue un mets délicat.

── **QUESTIONS** ──────────

65. Quelle conception de la fatalité se trouve inscrite dans ce portrait ?
— La conception que l'auteur a de la femme est-elle conforme aux idées de son époque ? — Dans quelle mesure les rêves de Mme Loisel trahissent-ils un tempérament romanesque comparable à celui d'Emma Bovary ?
— Étudiez l'art du raccourci dans ce préambule : comment est préparée l'action du conte ?

« Mais la robe avec laquelle tu vas au théâtre. Elle me semble très bien, à moi... »

70 Il se tut, stupéfait, éperdu, en voyant que sa femme pleurait. Deux grosses larmes descendaient lentement des coins des yeux vers les coins de la bouche ; il bégaya :

« Qu'as-tu ? qu'as-tu ? »

Mais, par un effort violent, elle avait dompté sa peine et elle répondit d'une voix calme en essuyant ses joues humides :

75 « Rien. Seulement je n'ai pas de toilette et par conséquent je ne peux aller à cette fête. Donne ta carte à quelque collègue dont la femme sera mieux nippée que moi. »

Il était désolé. Il reprit :

« Voyons, Mathilde. Combien cela coûterait-il, une toilette 80 convenable, qui pourrait te servir encore en d'autres occasions, quelque chose de très simple ? »

Elle réfléchit quelques secondes, établissant ses comptes et songeant aussi à la somme qu'elle pouvait demander sans s'attirer un refus immédiat et une exclamation effarée du commis 85 économe.

Enfin, elle répondit en hésitant :

« Je ne sais pas au juste, mais il me semble qu'avec quatre cents francs[91] je pourrais arriver. »

Il avait un peu pâli, car il réservait juste cette somme pour 90 acheter un fusil et s'offrir des parties de chasse, l'été suivant, dans la plaine de Nanterre, avec quelques amis qui allaient tirer des alouettes, par là, le dimanche.

Il dit cependant :

« Soit. Je te donne quatre cents francs. Mais tâche d'avoir 95 une belle robe. »

*
* *

Le jour de la fête approchait, et Mme Loisel semblait triste, inquiète, anxieuse. Sa toilette était prête cependant. Son mari lui dit un soir :

« Qu'as-tu ? Voyons, tu es toute drôle depuis trois jours. »

100 Et elle répondit :

« Cela m'ennuie de n'avoir pas un bijou, pas une pierre, rien à mettre sur moi. J'aurai l'air misère comme tout. J'aimerais presque mieux ne pas aller à cette soirée. »

Il reprit :

105 « Tu mettras des fleurs naturelles. C'est très chic en cette

---

91. Voir note 45.

saison-ci. Pour dix francs tu auras deux ou trois roses magni-
fiques. »

Elle n'était point convaincue.

« Non... il n'y a rien de plus humiliant que d'avoir l'air
110 pauvre au milieu de femmes riches. »

Mais son mari s'écria :

« Que tu es bête ! Va trouver ton amie Mme Forestier et
demande-lui de te prêter des bijoux. Tu es bien assez liée avec
elle pour faire cela. »

115 Elle poussa un cri de joie :

« C'est vrai. Je n'y avais point pensé. »

Le lendemain, elle se rendit chez son amie et lui conta sa
détresse.

Mme Forestier alla vers son armoire à glace, prit un large
120 coffret, l'apporta, l'ouvrit, et dit à Mme Loisel :

« Choisis, ma chère. »

Elle vit d'abord des bracelets, puis un collier de perles, puis
une croix vénitienne, or et pierreries, d'un admirable travail.
Elle essayait les parures devant la glace, hésitait, ne pouvait se
125 décider à les quitter, à les rendre. Elle demandait toujours :

« Tu n'as plus rien d'autre ?

— Mais si. Cherche. Je ne sais pas ce qui peut te plaire. »

Tout à coup elle découvrit, dans une boîte de satin noir, une
superbe rivière de diamants ; et son cœur se mit à battre d'un
130 désir immodéré. Ses mains tremblaient en la prenant. Elle
l'attacha autour de sa gorge, sur sa robe montante, et demeura
en extase devant elle-même.

Puis, elle demanda, hésitante, pleine d'angoisse :

« Peux-tu me prêter cela, rien que cela ?

135 — Mais oui, certainement. »

Elle sauta au cou de son amie, l'embrassa avec emportement, puis s'enfuit avec son trésor. **(66)**

*
**

Le jour de la fête arriva. Mme Loisel eut un succès. Elle était
plus jolie que toutes, élégante, gracieuse, souriante et folle de
140 joie. Tous les hommes la regardaient, demandaient son nom,

────── **QUESTIONS** ──────

66. Montrez que le dialogue entre Mme Loisel et son mari achève de
peindre les conditions d'existence du ménage. — La courte scène chez
Mme Forestier : le rôle de celle-ci est à peine esquissé ; pourquoi ? Quel
terme précis prend dans cette scène une importance capitale ?

cherchaient à être présentés. Tous les attachés du cabinet voulaient valser avec elle. Le ministre la remarqua.

Elle dansait avec ivresse, avec emportement, grisée par le plaisir, ne pensant plus à rien, dans le triomphe de sa beauté, dans la gloire de son succès, dans une sorte de nuage de bonheur fait de tous ces hommages, de toutes ces admirations, de tous ces désirs éveillés, de cette victoire si complète et si douce au cœur des femmes.

Elle partit vers quatre heures du matin. Son mari, depuis minuit, dormait dans un petit salon désert avec trois autres messieurs dont les femmes s'amusaient beaucoup.

Il lui jeta sur les épaules les vêtements qu'il avait apportés pour la sortie, modestes vêtements de la vie ordinaire, dont la pauvreté jurait avec l'élégance de la toilette de bal. Elle le sentit et voulut s'enfuir, pour ne pas être remarquée par les autres femmes qui s'enveloppaient de riches fourrures.

Loisel la retenait :

« Attends donc. Tu vas attraper froid dehors. Je vais appeler un fiacre. »

Mais elle ne l'écoutait point et descendait rapidement l'escalier. Lorsqu'ils furent dans la rue, ils ne trouvèrent pas de voiture ; et ils se mirent à chercher, criant après les cochers qu'ils voyaient passer de loin.

Ils descendaient vers la Seine, désespérés, grelottants. Enfin ils trouvèrent sur le quai un de ces vieux coupés[92] noctambules qu'on ne voit dans Paris que la nuit venue, comme s'ils eussent été honteux de leur misère pendant le jour.

Il les ramena jusqu'à leur porte, rue des Martyrs, et ils remontèrent tristement chez eux. C'était fini, pour elle. Et il songeait, lui, qu'il lui faudrait être au ministère à dix heures.

Elle ôta les vêtements dont elle s'était enveloppé les épaules, devant la glace, afin de se voir encore une fois dans sa gloire. Mais soudain elle poussa un cri. Elle n'avait plus sa rivière autour du cou !

Son mari, à moitié dévêtu déjà, demanda :

« Qu'est-ce que tu as ? »

Elle se tourna vers lui, affolée :

« J'ai... j'ai... je n'ai plus la rivière de Mme Forestier. »

Il se dressa, éperdu :

« Quoi !... comment !... Ce n'est pas possible ! »

---

92. *Coupé :* voiture fermée à quatre roues pour deux personnes.

Et ils cherchèrent dans les plis de la robe, dans les plis du manteau, dans les poches, partout. Ils ne la trouvèrent point.

Il demandait :

« Tu es sûre que tu l'avais encore en quittant le bal?

185 — Oui, je l'ai touchée dans le vestibule du ministère.

— Mais si tu l'avais perdue dans la rue, nous l'aurions entendue tomber. Elle doit être dans le fiacre.

— Oui. C'est probable. As-tu pris le numéro?

— Non. Et toi, tu ne l'as pas regardé?

190 — Non. »

Ils se contemplaient atterrés. Enfin Loisel se rhabilla.

« Je vais, dit-il, refaire tout le trajet que nous avons fait à pied, pour voir si je ne la retrouverai pas. »

Et il sortit. Elle demeura en toilette de soirée, sans force 195 pour se coucher, abattue sur une chaise, sans feu, sans pensée.

Son mari rentra vers sept heures. Il n'avait rien trouvé.

Il se rendit à la préfecture de Police, aux journaux, pour faire promettre une récompense, aux compagnies de petites voitures, partout enfin où un soupçon d'espoir le poussait.

200 Elle attendit tout le jour, dans le même état d'effarement devant cet affreux désastre.

Loisel revint le soir, avec la figure creusée, pâlie; il n'avait rien découvert.

« Il faut, dit-il, écrire à ton amie que tu as brisé la fermeture 205 de sa rivière et que tu la fais réparer. Cela nous donnera le temps de nous retourner. »

Elle écrivit sous sa dictée. **(67)**

*
**

Au bout d'une semaine, ils avaient perdu toute espérance.

Et Loisel, vieilli de cinq ans, déclara :

210 « Il faut aviser à remplacer ce bijou. »

Ils prirent, le lendemain, la boîte qui l'avait renfermé, et se rendirent chez le joaillier, dont le nom se trouvait dedans. Il consulta ses livres :

« Ce n'est pas moi, Madame, qui ai vendu cette rivière; j'ai 215 dû seulement fournir l'écrin. »

Alors ils allèrent de bijoutier en bijoutier, cherchant une

—— **QUESTIONS** ——

67. Commentez la composition de ce passage et étudiez les phases successives du retour à la réalité au sortir du bal; celui-ci occupe-t-il beaucoup de place dans le récit? Expliquez la signification de ce procédé.

parure pareille à l'autre, consultant leurs souvenirs, malades
tous deux de chagrin et d'angoisse.

Ils trouvèrent, dans une boutique du Palais-Royal, un cha-
220 pelet de diamants qui leur parut entièrement semblable à celui
qu'ils cherchaient. Il valait quarante mille francs. On le leur
laisserait à trente-six mille.

Ils prièrent donc le joaillier de ne pas le vendre avant trois
jours. Et ils firent condition qu'on le reprendrait, pour trente-
225 quatre mille francs, si le premier était retrouvé avant la fin de
février.

Loisel possédait dix-huit mille francs que lui avait laissés
son père. Il emprunterait le reste.

Il emprunta, demandant mille francs à l'un, cinq cents à
230 l'autre, cinq louis par-ci, trois louis par-là. Il fit des billets[93], prit
des engagements ruineux, eut affaires aux usuriers, à toutes les
races de prêteurs. Il compromit toute la fin de son existence,
risqua sa signature sans savoir même s'il pourrait y faire honneur, et, épouvanté par les angoisses de l'avenir, par la noire
235 misère qui allait s'abattre sur lui, par la perspective de toutes
les privations physiques et de toutes les tortures morales, il alla
chercher la rivière nouvelle, en déposant sur le comptoir du
marchand trente-six mille francs.

Quand Mme Loisel reporta la parure à Mme Forestier, celle-ci
240 lui dit, d'un air froissé :

« Tu aurais dû me la rendre plus tôt, car je pouvais en avoir
besoin. »

Elle n'ouvrit pas l'écrin, ce que redoutait son amie. Si elle
s'était aperçue de la substitution, qu'aurait-elle pensé ? qu'au-
245 rait-elle dit ? Ne l'aurait-elle pas prise pour une voleuse ? **(68)**

*
**

Mme Loisel connut la vie horrible des nécessiteux. Elle prit
son parti, d'ailleurs, tout d'un coup, héroïquement. Il fallait
payer cette dette effroyable. Elle payerait. On renvoya la bonne ;
on changea de logement ; on loua sous les toits une mansarde.
250 Elle connut les gros travaux du ménage, les odieuses besognes

---

93. *Billet :* écrit par lequel on s'engage à payer une somme donnée à une
date fixée ; traite.

━━ QUESTIONS ━━

68. Comment le rythme du récit illustre-t-il l'engrenage tragique où se
trouvent pris les Loisel ? — Quelle est l'importance des réflexions que le
narrateur attribue à Mme Loisel à ce point du récit ?

de la cuisine. Elle lava la vaisselle, usant ses ongles roses sur les poteries grasses et le fond des casseroles. Elle savonna le linge sale, les chemises et les torchons, qu'elle faisait sécher sur une corde; elle descendit à la rue, chaque matin, les ordures, et
255 monta l'eau, s'arrêtant à chaque étage pour souffler. Et, vêtue comme une femme du peuple, elle alla chez le fruitier, chez l'épicier, chez le boucher, le panier au bras, marchandant, injuriée, défendant sou à sou son misérable argent.

Il fallait chaque mois payer des billets, en renouveler d'autres,
260 obtenir du temps.

Le mari travaillait, le soir, à mettre au net les comptes d'un commerçant, et la nuit, souvent, il faisait de la copie à cinq sous la page.

Et cette vie dura dix ans.

265 Au bout de dix ans, ils avaient tout restitué, tout, avec le taux de l'usure, et l'accumulation des intérêts superposés.

Mme Loisel semblait vieille, maintenant. Elle était devenue la femme forte, et dure, et rude, des ménages pauvres. Mal peignée, avec les jupes de travers et les mains rouges, elle parlait
270 haut, lavait à grande eau les planchers. Mais parfois, lorsque son mari était au bureau, elle s'asseyait auprès de la fenêtre, et elle songeait à cette soirée d'autrefois, à ce bal où elle avait été si belle et si fêtée.

Que serait-il arrivé si elle n'avait point perdu cette parure?
275 Qui sait? qui sait? Comme la vie est singulière, changeante! Comme il faut peu de chose pour vous perdre ou vous sauver! **(69)**

*
**

Or, un dimanche, comme elle était allée faire un tour aux Champs-Elysées pour se délasser des besognes de la semaine,
280 elle aperçut tout à coup une femme qui promenait un enfant. C'était Mme Forestier, toujours jeune, toujours belle, toujours séduisante.

Mme Loisel se sentit émue. Allait-elle lui parler? Oui, certes. Et maintenant qu'elle avait payé, elle lui dirait tout. Pourquoi
285 pas?

─────── **QUESTIONS** ───────

69. Pouvait-on s'attendre à la résignation de la jeune femme devant le malheur? Quelle phrase précise illustre la fermeté de sa résolution? — Comparez ce qu'est devenue Mme Loisel à ce qu'elle était. Par quoi le narrateur explique-t-il la métamorphose de Mme Loisel? Dans quelle mesure cette vision est-elle naturaliste?

Elle s'approcha.

« Bonjour, Jeanne. »

L'autre ne la reconnaissait point, s'étonnant d'être appelée ainsi familièrement par cette bourgeoise[94]. Elle balbutia :

290 « Mais... Madame!... Je ne sais... Vous devez vous tromper.

— Non. Je suis Mathilde Loisel. »

Son amie poussa un cri :

« Oh!... ma pauvre Mathilde, comme tu es changée!...

— Oui, j'ai eu des jours bien durs, depuis que je ne t'ai vue ;
295 et bien des misères... et cela à cause de toi!...

— De moi... Comment ça?

— Tu te rappelles bien cette rivière de diamants que tu m'as prêtée pour aller à la fête du ministère.

— Oui. Eh bien?

300 — Eh bien, je l'ai perdue.

— Comment! puisque tu me l'as rapportée.

— Je t'en ai rapporté une autre toute pareille. Et voilà dix ans que nous la payons. Tu comprends que ça n'était pas aisé pour nous, qui n'avions rien... Enfin c'est fini, et je suis rude-
305 ment contente.

— Tu dis que tu as acheté une rivière de diamants pour remplacer la mienne?

— Oui. Tu ne t'en étais pas aperçue, hein? Elles étaient bien pareilles. »

310 Et elle souriait d'une joie orgueilleuse et naïve.

Mme Forestier, fort émue, lui prit les deux mains.

« Oh! ma pauvre Mathilde! Mais la mienne était fausse. Elle valait au plus cinq cents francs!... » **(70) (71)**

(17 février 1884.)

---

94. *Bourgeoise* : terme pris ici dans l'acception péjorative.

QUESTIONS
---

70. En quoi consiste exactement la cruauté de cette conclusion? Quelle face insoupçonnée du conte se trouve ainsi brusquement révélée? Etait-elle préparée? Relisez le conte à la lumière de ce nouvel élément.

71. SUR L'ENSEMBLE DU RÉCIT. — La composition : étudiez la rigueur de la répartition des chapitres autour de la scène centrale du bal.
— Montrez que la progression dramatique du récit s'articule « sur un sens faux, opposé au sens véritable qui n'est donné qu'en conclusion » (A. Vial).
— Le naturalisme : quel rôle jouent les conditions économiques et sociales dans la destinée de Mme Loisel? Quels sont les milieux sociaux présentés dans cette nouvelle et comment le personnage de Mme Loisel s'y trouve-t-il lié? *(Suite, v. p. 121.)*

XV

LE GUEUX[95]

Il avait connu des jours meilleurs, malgré sa misère et son infirmité.

A l'âge de quinze ans, il avait eu les deux jambes écrasées par une voiture sur la grand'route de Varville. Depuis ce temps-là, il mendiait en se traînant le long des chemins, à travers les cours des fermes, balancé sur ses béquilles qui lui avaient fait remonter les épaules à la hauteur des oreilles. Sa tête semblait enfoncée entre deux montagnes.

Enfant trouvé dans un fossé par le curé des Billettes, la veille du jour des morts, et baptisé pour cette raison, Nicolas Toussaint, élevé par charité, demeuré étranger à toute instruction, estropié après avoir bu quelques verres d'eau-de-vie offerts par le boulanger du village, histoire de rire, et, depuis lors vagabond, il ne savait rien faire autre chose que tendre la main.

Autrefois la baronne d'Avary lui abandonnait pour dormir, une espèce de niche pleine de paille, à côté du poulailler, dans la ferme attenante au château : et il était sûr, aux jours de grande famine, de trouver toujours un morceau de pain et un verre de cidre à la cuisine. Souvent il recevait encore là quelques sols jetés par la vieille dame du haut de son perron ou des fenêtres de sa chambre. Maintenant elle était morte.

Dans les villages, on ne lui donnait guère : on le connaissait trop ; on était fatigué de lui depuis quarante ans qu'on le voyait promener de masure en masure son corps loqueteux et difforme sur ses deux pattes de bois. Il ne voulait point s'en aller cependant, parce qu'il ne connaissait pas autre chose sur la terre que ce coin de pays, ces trois ou quatre hameaux où il avait traîné sa vie misérable. Il avait mis des frontières à sa mendicité et il n'aurait jamais passé les limites qu'il était accoutumé de ne point franchir.

Il ignorait si le monde s'étendait encore loin derrière les arbres qui avaient borné sa vue. Il ne se le demandait pas. Et

95. Ce conte parut dans *le Gaulois* le 9 mars 1884.

——— **QUESTIONS** ———————————

— Le thème : l'être et le paraître ; quel parallélisme symbolique y a-t-il entre, d'une part, la parure (faux bijou) et, d'autre part, Mme Loisel ?
— Le pessimisme : quel désenchantement traduit un tel récit ? Comparez cette nouvelle avec *A Cheval* (I, xi).

quand les paysans, las de le rencontrer toujours au bord de leurs
champs ou le long de leurs fossés, lui criaient :

35 « Pourquoi qu' tu n' vas point dans l's autes villages, au lieu
d' béquiller toujours par ci? »

Il ne répondait pas et s'éloignait, saisi d'une peur vague de
l'inconnu, d'une peur de pauvre qui redoute confusément mille
choses, les visages nouveaux, les injures, les regards soupçon-
40 neux des gens qui ne le connaissaient pas, et les gendarmes qui
vont deux par deux sur les routes et qui le faisaient plonger, par
instinct, dans les buissons ou derrière les tas de cailloux.

Quand il les apercevait au loin, reluisants sous le soleil, il
trouvait soudain une agilité singulière, une agilité de monstre
45 pour gagner quelque cachette. Il dégringolait de ses béquilles,
se laissait tomber à la façon d'une loque, et il se roulait en boule,
devenait tout petit, invisible, rasé[96] comme un lièvre au gîte,
confondant ses haillons bruns avec la terre.

Il n'avait pourtant jamais eu d'affaires avec eux. Mais, il
50 portait cela dans le sang, comme s'il eût reçu cette crainte et
cette ruse de ses parents, qu'il n'avait point connus.

Il n'avait pas de refuge, pas de toit, pas de hutte, pas d'abri.
Il dormait partout, en été, et l'hiver il se glissait sous les granges
ou dans les étables avec une adresse remarquable. Il déguer-
55 pissait toujours avant qu'on se fût aperçu de sa présence. Il
connaissait les trous pour pénétrer dans les bâtiments ; et le
maniement des béquilles ayant rendu ses bras d'une vigueur
surprenante, il grimpait à la seule force des poignets jusque dans
les greniers à fourrages où il demeurait parfois quatre ou cinq
60 jours sans bouger, quand il avait recueilli dans sa tournée des
provisions suffisantes.

Il vivait comme les bêtes des bois, au milieu des hommes,
sans connaître personne, sans aimer personne, n'excitant chez
les paysans qu'une sorte de mépris indifférent et d'hostilité rési-
65 gnée. On l'avait surnommé « Cloche », parce qu'il se balançait
entre ses deux piquets de bois ainsi qu'une cloche entre ses
portants. **(72)**

Depuis deux jours, il n'avait point mangé. Personne ne lui

---

96. *Se raser* : se tapir au sol, en terme de vénerie.

QUESTIONS
---

72. Notez tous les éléments de cette introduction ; comment est rendue
sensible la détresse matérielle et morale du gueux ? — A quel point de
crise la situation est-elle arrivée ?

donnait plus rien. On ne voulait plus de lui à la fin. Les pay-
70 sannes, sur leurs portes, lui criaient de loin en le voyant venir :

« Veux-tu bien t'en aller, manant[97]! V'là pas trois jours que
j' t'ai donné un morciau d' pain ! »

Et il pivotait sur ses tuteurs et s'en allait à la maison voisine,
où on le recevait de la même façon.

75 Les femmes déclaraient, d'une porte à l'autre :

« On n' peut pourtant pas nourrir ce fainéant toute l'année. »

Cependant le fainéant avait besoin de manger tous les jours.

Il avait parcouru Saint-Hilaire, Varville et les Billettes, sans
récolter un centime ou une vieille croûte. Il ne lui restait d'es-
80 poir qu'à Tournolles ; mais il lui fallait faire deux lieues sur la
grand'route, et il se sentait las à ne plus se traîner, ayant le
ventre aussi vide que sa poche.

Il se mit en marche pourtant.

C'était en décembre, un vent froid courait sur les champs,
85 sifflait dans les branches nues ; et les nuages galopaient à travers
le ciel bas et sombre, se hâtant on ne sait où. L'estropié allait
lentement, déplaçant ses supports l'un après l'autre d'un effort
pénible, en se calant sur la jambe tordue qui lui restait, terminée
par un pied bot et chaussé d'une loque.

90 De temps en temps, il s'asseyait sur le fossé et se reposait
quelques minutes. La faim jetait une détresse dans son âme
confuse et lourde. Il n'avait qu'une idée : « manger », mais il
ne savait par quel moyen.

Pendant trois heures, il peina sur le long chemin ; puis quand
95 il aperçut les arbres du village, il hâta ses mouvements.

Le premier paysan qu'il rencontra, et auquel il demanda
l'aumône, lui répondit :

« Te r'voilà encore, vieille pratique[98]! Je s'rons donc jamais
débarrassés de té ? »

100 Et Cloche s'éloigna. De porte en porte on le rudoya, on le
renvoya sans lui rien donner. Il continuait cependant sa tournée,
patient et obstiné. Il ne recueillit pas un sou.

Alors il visita les fermes, déambulant à travers les terres
molles de pluie, tellement exténué qu'il ne pouvait plus lever
5 ses bâtons. On le chassa de partout. C'était un de ces jours
froids et tristes où les cœurs se serrent, où les esprits s'irritent,
où l'âme est sombre, où la main ne s'ouvre ni pour donner ni
pour secourir.

· 97. *Manant* : voir note 5 ; 98. *Vieille pratique* : vieille connaissance.

Quand il eut fini la visite de toutes les maisons qu'il connais-
110 sait, il alla s'abattre au coin d'un fossé, le long de la cour de
maître Chiquet. Il se décrocha, comme on disait pour exprimer
comment il se laissait tomber entre ses hautes béquilles en les
faisant glisser sous ses bras. Et il resta longtemps immobile,
torturé par la faim, mais trop brute pour bien pénétrer son
115 insondable misère. **(73)**

Il attendait on ne sait quoi, de cette vague attente qui
demeure constamment en nous. Il attendait au coin de cette
cour, sous le vent glacé, l'aide mystérieuse qu'on espère toujours
du ciel ou des hommes, sans se demander comment, ni pour-
120 quoi, ni par qui elle lui pourrait arriver. Une bande de poules
noires passait, cherchant sa vie dans la terre qui nourrit tous
les êtres. A tout instant, elles piquaient d'un coup de bec un
grain ou un insecte invisible, puis continuaient leur recherche
lente et sûre.

125 Cloche les regardait sans penser à rien; puis il lui vint, plutôt au ventre que dans la tête, la sensation plutôt que l'idée
qu'une de ces bêtes-là serait bonne à manger grillée sur un feu
de bois mort.

Le soupçon qu'il allait commettre un vol ne l'effleura pas. Il
130 prit une pierre à portée de sa main, et, comme il était adroit, il
tua net en la lançant, la volaille la plus proche de lui. L'animal
tomba sur le côté en remuant les ailes. Les autres s'enfuirent,
balancés sur leurs pattes minces, et Cloche, escaladant de nouveau ses béquilles, se mit en marche pour aller ramasser sa
135 chasse, avec des mouvements pareils à ceux des poules.

Comme il arrivait auprès du petit corps noir taché de rouge
à la tête, il reçut une poussée terrible dans le dos qui lui fit
lâcher ses bâtons et l'envoya rouler à dix pas devant lui. Et
maître Chiquet, exaspéré, se précipitant sur le maraudeur, le
140 roua de coups, tapant comme un forcené, comme tape un paysan volé, avec le poing et avec le genou par tout le corps de l'infirme, qui ne pouvait se défendre.

Les gens de la ferme arrivaient à leur tour qui se mirent
avec le patron à assommer le mendiant. Puis, quand ils furent
145 las de le battre, ils le ramassèrent et l'emportèrent, et l'enfer-
mèrent dans le bûcher pendant qu'on allait chercher les gendarmes.

QUESTIONS

73. Ce passage établit les « circonstances atténuantes » du vol qui va
être commis : énumérez-les selon leur importance.

Cloche, à moitié mort, saignant et crevant de faim, demeura couché sur le sol. Le soir vint, puis la nuit, puis l'aurore. Il
150 n'avait toujours pas mangé.

Vers midi, les gendarmes parurent et ouvrirent la porte avec précaution, s'attendant à une résistance, car maître Chiquet prétendait avoir été attaqué par le gueux et ne s'être défendu qu'à grand'peine.

155 Le brigadier cria :

« Allons, debout ! »

Mais Cloche ne pouvait plus remuer, il essaya bien de se hisser sur ses pieux, il n'y parvint point. On crut à une feinte, à une ruse, à un mauvais vouloir de malfaiteur, et les deux
160 hommes armés, le rudoyant, l'empoignèrent et le plantèrent de force sur ses béquilles.

La peur l'avait saisi, cette peur native des baudriers[99] jaunes, cette peur du gibier devant le chasseur, de la souris devant le chat. Et, par des efforts surhumains, il réussit à rester debout.
165 « En route ! » dit le brigadier. Il marcha. Tout le personnel de la ferme le regardait partir. Les femmes lui montraient le poing ; les hommes ricanaient, l'injuriaient : on l'avait pris enfin ! Bon débarras.

Il s'éloigna entre ses deux gardiens. Il trouva l'énergie déses-
170 pérée qu'il lui fallait pour se traîner encore jusqu'au soir, abruti, ne sachant seulement plus ce qui lui arrivait, trop effaré pour rien comprendre.

Les gens qu'on rencontrait s'arrêtaient pour le voir passer, et les paysans murmuraient :
175 « C'est quéque voleux ! »

On parvint, vers la nuit, au chef-lieu du canton. Il n'était jamais venu jusque-là. Il ne se figurait pas vraiment ce qui se passait, ni ce qui pouvait survenir. Toutes ces choses terribles, imprévues, ces figures et ces maisons nouvelles le consternaient.
180 Il ne prononça pas un mot, n'ayant rien à dire, car il ne comprenait plus rien. Depuis tant d'années d'ailleurs qu'il ne parlait à personne, il avait à peu près perdu l'usage de sa langue ; et sa pensée aussi était trop confuse pour se formuler par des paroles.
185 On l'enferma dans la prison du bourg. Les gendarmes ne

---

99. *Baudrier :* bande de cuir ou d'étoffe portée en écharpe pour soutenir le sabre ou l'épée.

pensèrent pas qu'il pouvait avoir besoin de manger, et on le laissa jusqu'au lendemain.

Mais, quand on vint pour l'interroger, au petit matin, on le trouva mort, sur le sol. Quelle surprise[100]! **(74) (75)**

(9 mars 1884.)

[LES DRAMES DE LA SOLITUDE]

XVI

PREMIÈRE NEIGE[101]

La longue promenade de la Croisette s'arrondit au bord de l'eau bleue. Là-bas, à droite, l'Esterel s'avance au loin dans la mer. Il barre la vue, fermant l'horizon par le joli décor méridional de ses sommets pointus, nombreux et bizarres.

5 A gauche les îles Sainte-Marguerite et Saint-Honorat, couchées dans l'eau, montrent leur dos couvert de sapins.

Et tout le long du large golfe, tout le long des grandes montagnes assises autour de Cannes, le peuple blanc des villas semble endormi dans le soleil. On les voit au loin, les maisons 10 claires, semées du haut en bas des monts, tachant de points de neige la verdure sombre.

Les plus proches de l'eau ouvrent leurs grilles sur la vaste promenade que viennent baigner les flots tranquilles. Il fait bon, il fait doux. C'est un tiède jour d'hiver où passe à peine un 15 frisson de fraîcheur. Par-dessus les murs des jardins, on aper-

---

100. Dans une première rédaction de *Madame Bovary*, Flaubert écrivait : « Elle était morte ! Quel étonnement ! » ; **101.** Cette nouvelle parut dans *le Gaulois* le 11 décembre 1883.

——— QUESTIONS ———

74. Étudiez la description du vol : montrez qu'elle est l'explication et la justification d'un acte qui se situe en dehors de la morale. — La réaction des paysans : par quoi se caractérise-t-elle ? Comment est suggérée l'idée qu'ils trouvent là un heureux prétexte pour se débarrasser du gueux ? En quoi consiste le caractère profondément tragique de cette scène ? — Le mot de conclusion : quelle signification supplémentaire apporte-t-il au conte ?

75. SUR L'ENSEMBLE DU CONTE. — Expliquez la composition du récit et soulignez la fonction de chacun des éléments de l'introduction dans le développement du récit.

— La vision de l'humanité : quels sentiments suscite dans la collectivité l'atroce détresse du gueux ? A quoi reconnaît-on la pitié du narrateur pour son héros ? Quelle accusation implicite porte-t-il ?

— Comparez le pessimisme de ce conte à celui de *l'Aveugle* (I, IV).

çoit les orangers et les citronniers pleins de fruits d'or. Des dames vont à pas lents sur le sable de l'avenue, suivies d'enfants qui roulent des cerceaux, ou causant avec des messieurs.

*
**

Une jeune dame vient de sortir de sa petite et coquette mai-
20 son dont la porte est sur la Croisette. Elle s'arrête un instant à regarder les promeneurs, sourit et gagne, dans une allure acca-blée, un banc vide en face de la mer. Fatiguée d'avoir fait vingt pas, elle s'assied en haletant. Son pâle visage semble celui d'une morte. Elle tousse et porte à ses lèvres ses doigts transparents
25 comme pour arrêter ces secousses qui l'épuisent.

Elle regarde le ciel plein de soleil et d'hirondelles, les sommets capricieux de l'Esterel là-bas, et, tout près, la mer si bleue, si tranquille, si belle.

Elle sourit encore, et murmure :
30 « Oh! que je suis heureuse. »

Elle sait pourtant qu'elle va mourir, qu'elle ne verra point le printemps, que, dans un an, le long de la même promenade, ces mêmes gens qui passent devant elle viendront encore res-pirer l'air tiède de ce doux pays, avec leurs enfants un peu plus
35 grands, avec le cœur toujours rempli d'espoirs, de tendresses, de bonheur, tandis qu'au fond d'un cercueil de chêne la pauvre chair qui lui reste encore aujourd'hui sera tombée en pourri-ture, laissant seulement ses os couchés dans la robe de soie qu'elle a choisie pour linceul.

40 Elle ne sera plus. Toutes les choses de la vie continueront pour d'autres. Ce sera fini pour elle, fini pour toujours. Elle ne sera plus. Elle sourit, et respire tant qu'elle peut, de ses pou-mons malades, les souffles parfumés des jardins.

Et elle songe. **(76)**

*
**

45 Elle se souvient. On l'a mariée, voici quatre ans, avec un gentilhomme normand. C'était un fort garçon barbu, coloré, large d'épaules, d'esprit court et de joyeuse humeur.

On les accoupla pour des raisons de fortune qu'elle ne connut point. Elle aurait volontiers dit « non ». Elle fit « oui »

─────── **QUESTIONS** ───────

76. Relevez les notations de couleurs qui donnent au paysage sa lumi-nosité et les expressions qui confèrent à ce tableau un caractère impres-sionniste. — Sur quelle énigme est construite la présentation de la jeune femme ?

50 d'un mouvement de tête, pour ne point contrarier père et mère. Elle était Parisienne, gaie, heureuse de vivre.

Son mari l'emmena en son château normand. C'était un vaste bâtiment de pierre entouré de grands arbres très vieux. Un haut massif de sapins arrêtait le regard en face. Sur la droite, une
55 trouée donnait vue sur la plaine qui s'étalait, toute nue, jusqu'aux fermes lointaines. Un chemin de traverse passait devant la barrière et conduisait à la grand'route éloignée de trois kilomètres.

Oh! elle se rappelle tout : son arrivée, sa première journée en
60 sa nouvelle demeure, et sa vie isolée ensuite.

Quand elle descendit de voiture, elle regarda le vieux bâtiment et déclara en riant :

« Ce n'est pas gai ! »

Son mari se mit à rire à son tour et répondit :
65 « Baste[102] ! on s'y fait. Tu verras. Je ne m'y ennuie jamais, moi. »

Ce jour-là, ils passèrent le temps à s'embrasser, et elle ne le trouva pas trop long. Le lendemain ils recommencèrent et toute la semaine, vraiment, fut mangée par les caresses.

70 Puis elle s'occupa d'organiser son intérieur. Cela dura bien un mois. Les jours passaient l'un après l'autre, en des occupations insignifiantes et cependant absorbantes. Elle apprenait la valeur et l'importance des petites choses de la vie. Elle sut qu'on peut s'intéresser au prix des œufs qui coûtent quelques cen-
75 times de plus ou de moins suivant les saisons.

C'était l'été. Elle allait aux champs voir moissonner. La gaieté du soleil entretenait celle de son cœur.

L'automne vint. Son mari se mit à chasser. Il sortait le matin avec ses deux chiens Médor et Mirza. Elle restait seule alors,
80 sans s'attrister d'ailleurs de l'absence d'Henry. Elle l'aimait bien, pourtant, mais il ne lui manquait pas. Quand il rentrait, les chiens surtout absorbaient sa tendresse. Elle les soignait chaque soir avec une affection de mère, les caressait sans fin, leur donnait mille petits noms charmants qu'elle n'eût point eu l'idée
85 d'employer pour son mari.

Il lui racontait invariablement sa chasse. Il désignait les places où il avait rencontré les perdrix; s'étonnait de n'avoir point trouvé de lièvre dans le trèfle de Joseph Ledentu, ou bien

---

102. *Baste* : interjection qui exprime le mépris et l'indifférence.

paraissait indigné du procédé de M. Lechapelier, du Havre,
qui suivait sans cesse la lisière de ses terres pour tirer le gibier
levé par lui, Henry de Parville.

Elle répondait :

« Oui, vraiment, ce n'est pas bien », en pensant à autre chose.

L'hiver vint, l'hiver normand, froid et pluvieux. Les inter-
minables averses tombaient sur les ardoises du grand toit angu-
leux, dressé comme une lame vers le ciel. Les chemins semblaient des fleuves de boue ; la campagne, une plaine de boue ;
et on n'entendait aucun bruit que celui de l'eau tombant ; on ne
voyait aucun mouvement que le vol tourbillonnant des corbeaux qui se déroulait comme un nuage, s'abattait dans un
champ, puis repartait.

Vers quatre heures, l'armée des bêtes sombres et volantes
venait se percher dans les grands hêtres à gauche du château,
en poussant des cris assourdissants. Pendant près d'une heure,
ils voletaient de cime en cime, semblaient se battre, croassaient,
mettaient dans le branchage grisâtre un mouvement noir.

Elle les regardait, chaque soir, le cœur serré, toute pénétrée
par la lugubre mélancolie de la nuit tombant sur les terres
désertes.

Puis elle sonnait pour qu'on apportât la lampe ; et elle se rap-
prochait du feu. Elle brûlait des monceaux de bois sans parvenir à échauffer les pièces immenses envahies par l'humidité.
Elle avait froid tout le jour, partout, au salon, aux repas, dans sa
chambre. Elle avait froid jusqu'aux os, lui semblait-il. Son mari
ne rentrait que pour dîner, car il chassait sans cesse, ou bien
s'occupait des semences, des labours, de toutes les choses de la
campagne.

Il rentrait joyeux et crotté, se frottait les mains, déclarait :

« Quel fichu temps ! »

Ou bien :

« C'est bon d'avoir du feu ! »

Ou parfois il demandait :

« Qu'est-ce qu'on dit aujourd'hui ? Est-on contente ? »

Il était heureux, bien portant, sans désirs, ne rêvant pas autre
chose que cette vie simple, saine et tranquille.

Vers décembre, quand les neiges arrivèrent, elle souffrit tellement de l'air glacé du château, du vieux château qui semblait s'être refroidi avec les siècles, comme font les humains
avec les ans, qu'elle demanda, un soir, à son mari :

« Dis donc, Henry, tu devrais bien faire mettre ici un

calorifère ; cela sécherait les murs. Je t'assure que je ne peux pas me réchauffer du matin au soir. »

Il demeura d'abord interdit à cette idée extravagante d'installer un calorifère en son manoir. Il lui eût semblé plus naturel
135 de servir ses chiens dans de la vaisselle plate. Puis il poussa, de toute la vigueur de sa poitrine, un rire énorme, en répétant :

« Un calorifère ici ! Un calorifère ici ! Ah ! ah ! ah ! quelle bonne farce ! »

Elle insistait :
140 « Je t'assure qu'on gèle, mon ami ; tu ne t'en aperçois pas, parce que tu es toujours en mouvement, mais on gèle. »

Il répondit, en riant toujours :

« Baste ! on s'y fait, et d'ailleurs c'est excellent pour la santé. Tu ne t'en porteras que mieux. Nous ne sommes pas des Pari-
145 siens, sacrebleu[103] ! pour vivre dans les tisons. Et, d'ailleurs, voici le printemps tout à l'heure. » **(77)**

*
**

Vers le commencement de janvier un grand malheur la frappa. Son père et sa mère moururent d'un accident de voiture. Elle vint à Paris pour les funérailles. Et le chagrin occupa seul
150 son esprit pendant six mois environ.

La douceur des beaux jours finit par la réveiller, et elle se laissa vivre dans un alanguissement triste jusqu'à l'automne.

Quand revinrent les froids, elle envisagea pour la première fois, le sombre avenir. Que ferait-elle ? Rien. Qu'arriverait-il
155 désormais pour elle ? Rien. Quelle attente, quelle espérance pouvaient ranimer son cœur ? Aucune. Un médecin, consulté, avait déclaré qu'elle n'aurait jamais d'enfants.

Plus âpre, plus pénétrant encore que l'autre année, le froid la faisait continuellement souffrir. Elle tendait aux grandes
160 flammes ses mains grelottantes. Le feu flamboyant lui brûlait

---

103. *Sacrebleu* : voir note 73.

─────── **QUESTIONS** ───────

77. *Elle se souvient* : appréciez l'importance de cette précision. Étudiez la succession des séquences dans ce passage et leurs proportions respectives : que peut-on en conclure ? — Commentez en particulier la description de l'hiver : construction des phrases, rôle des sensations visuelles et auditives. Le froid est-il uniquement une sensation physique ? — Expliquez la netteté avec laquelle est transcrite la dernière scène. — Montrez comment progresse dans tout ce passage le désenchantement de la jeune femme.

le visage; mais des souffles glacés semblaient se glisser dans son dos, pénétrer entre la chair et les étoffes. Et elle frémissait de la tête aux pieds. Des courants d'air innombrables paraissaient installés dans les appartements, des courants d'air vivants, sournois, acharnés comme des ennemis. Elle les rencontrait à tout instant; ils lui soufflaient sans cesse, tantôt sur le visage, tantôt sur les mains, tantôt sur le cou, leur haine perfide et gelée.

Elle parla de nouveau d'un calorifère; mais son mari l'écouta comme si elle eût demandé la lune. L'installation d'un appareil semblable à Parville lui paraissait aussi impossible que la découverte de la pierre philosophale.

Ayant été à Rouen, un jour, pour affaire, il rapporta à sa femme une mignonne chaufferette de cuivre qu'il appelait en riant un « calorifère portatif »; et il jugeait que cela suffirait désormais à l'empêcher d'avoir jamais froid.

Vers la fin de décembre, elle comprit qu'elle ne pourrait vivre ainsi toujours, et elle demanda timidement, un soir, en dînant :

« Dis donc, mon ami, est-ce que nous n'irons point passer une semaine ou deux à Paris avant le printemps? »

Il fut stupéfait.

« A Paris? à Paris? Mais pour quoi faire? Ah! mais non, par exemple! On est trop bien ici, chez soi. Quelles drôles d'idées tu as par moments! »

Elle balbutia :

« Cela nous distrairait un peu. »

Il ne comprenait pas.

« Qu'est-ce qu'il te faut pour te distraire? Des théâtres, des soirées, des dîners en ville? Tu savais pourtant bien en venant ici que tu ne devais pas t'attendre à des distractions de cette nature! »

Elle vit un reproche dans ces paroles et dans le ton dont elles étaient dites. Elle se tut. Elle était timide et douce, sans révoltes et sans volonté.

En janvier, les froids revinrent avec violence. Puis la neige couvrit la terre.

Un soir, comme elle regardait le grand nuage tournoyant des corbeaux se déployer autour des arbres, elle se mit, malgré elle, à pleurer.

Son mari entrait. Il demanda tout surpris :

« Qu'est-ce que tu as donc? »

Il était heureux, lui, tout à fait heureux, n'ayant jamais rêvé

une autre vie, d'autres plaisirs. Il était né dans ce triste pays, il
y avait grandi. Il s'y trouvait bien, chez lui, à son aise de corps
205 et d'esprit.

Il ne comprenait pas qu'on pût désirer des événements, avoir
soif de joies changeantes ; il ne comprenait point qu'il ne semble
pas naturel à certains êtres de demeurer aux mêmes lieux pendant les quatre saisons ; il semblait ne pas savoir que le prin-
210 temps, que l'été, que l'automne, que l'hiver ont, pour des multitudes de personnes, des plaisirs nouveaux en des contrées
nouvelles.

Elle ne pouvait rien répondre et s'essuyait vivement les yeux.
Elle balbutia enfin, éperdue :
215 « J'ai... je... je suis un peu triste... je m'ennuie un peu... »
Mais une terreur la saisit d'avoir dit cela, et elle ajouta bien
vite.

« Et puis... j'ai... j'ai un peu froid. »

A cette parole, il s'irrita :
220 « Ah ! oui... toujours ton idée de calorifère. Mais voyons,
sacrebleu ! tu n'as seulement pas eu un rhume depuis que tu
es ici. » **(78)**

*
**

La nuit vint. Elle monta dans sa chambre, car elle avait
exigé une chambre séparée. Elle se coucha. Même en son.lit,
225 elle avait froid. Elle pensait :

« Ce sera ainsi toujours, toujours, jusqu'à la mort. »

Et elle songeait à son mari. Comment avait-il pu lui dire
cela :

« Tu n'as seulement pas eu un rhume depuis que tu es ici. »
230 Il fallait donc qu'elle fût malade, qu'elle toussât pour qu'il
comprît qu'elle souffrait !

Et une indignation la saisit, une indignation exaspérée de
faible, de timide.

Il fallait qu'elle toussât. Alors il aurait pitié d'elle, sans doute.
235 Eh bien ! elle tousserait ; il l'entendrait tousser ; il faudrait appeler le médecin ; il verrait cela, son mari, il verrait !

78. Analysez la répartition du temps dans ce passage ; comparez le
temps de la narration au temps narré : quel effet en résulte-t-il ? — Quel
sentiment traduit en réalité le désir du calorifère ? Commentez à ce propos les images dans la description du froid, l'agencement des dialogues,
la fonction du style indirect libre. — Comment Henry interprète-t-il la
souffrance de sa femme ? Pour quelle raison ?

Elle s'était levée nu-jambes, nu-pieds, une idée enfantine la fit sourire :

« Je veux un calorifère, et je l'aurai. Je tousserai tant, qu'il faudra bien qu'il se décide à en installer un. »

Et elle s'assit presque nue, sur une chaise. Elle attendit une heure, deux heures. Elle grelottait, mais elle ne s'enrhumait pas. Alors elle se décida à employer les grands moyens.

Elle sortit de sa chambre sans bruit, descendit l'escalier, ouvrit la porte du jardin.

La terre, couverte de neige, semblait morte. Elle avança brusquement son pied nu et l'enfonça dans cette mousse légère et glacée. Une sensation de froid, douloureuse comme une blessure, lui monta jusqu'au cœur ; cependant elle allongea l'autre jambe et se mit à descendre les marches lentement.

Puis elle s'avança à travers le gazon, se disant :

« J'irai jusqu'aux sapins. »

Elle allait à petits pas, en haletant, suffoquée chaque fois qu'elle faisait pénétrer son pied nu dans la neige.

Elle toucha de la main le premier sapin, comme pour bien se convaincre elle-même qu'elle avait accompli jusqu'au bout son projet ; puis elle revint. Elle crut deux ou trois fois qu'elle allait tomber, tant elle se sentait engourdie et défaillante. Avant de rentrer, toutefois, elle s'assit dans cette écume gelée, et même, elle en ramassa pour se frotter la poitrine.

Puis elle rentra et se coucha. Il lui sembla, au bout d'une heure, qu'elle avait une fourmilière dans la gorge. D'autres fourmis lui couraient le long des membres. Elle dormit cependant.

Le lendemain elle toussait, et elle ne put se lever.

Elle eut une fluxion de poitrine. Elle délira, et dans son délire elle demandait un calorifère. Le médecin exigea qu'on en installât un. Henry céda, mais avec une répugnance irritée. **(79)**

Elle ne put guérir. Les poumons atteints profondément donnaient des inquiétudes pour sa vie.

« Si elle reste ici, elle n'ira pas jusqu'aux froids », dit le médecin.

―――――― **QUESTIONS** ――――――

79. Selon quel processus psychologique se forme la décision de la jeune femme ? Quel désir inconscient exprime son *idée enfantine* ? Notez et expliquez la précision avec laquelle est relaté l'accomplissement de sa décision. Replacez ce moment par rapport à l'ensemble du récit.

On l'envoya dans le Midi.

Elle vint à Cannes, connut le soleil, aima la mer, respira
275 l'air des orangers en fleur.

Puis elle retourna dans le Nord au printemps.

Mais elle vivait maintenant avec la peur de guérir, avec la
peur des longs hivers de Normandie; et sitôt qu'elle allait
mieux, elle ouvrait, la nuit, sa fenêtre, en songeant aux doux
280 rivages de la Méditerranée.

A présent, elle va mourir; elle le sait. Elle est heureuse.

Elle déploie un journal qu'elle n'avait point ouvert, et lit ce
titre : « La première neige à Paris. »

Alors elle frissonne, et puis sourit. Elle regarde là-bas
285 l'Esterel qui devient rose sous le soleil couchant; elle regarde
le vaste ciel bleu, si bleu, la vaste mer bleue, si bleue, et se
lève.

Et puis elle rentre, à pas lents, s'arrêtant seulement pour
tousser, car elle est demeurée trop tard dehors, et elle a eu froid,
290 un peu froid.

Elle trouve une lettre de son mari. Elle l'ouvre en souriant
toujours, et elle lit :

« Ma chère amie,

« J'espère que tu vas bien et que tu ne regrettes pas trop
295 notre beau pays. Nous avons depuis quelques jours une bonne
gelée qui annonce la neige. Moi, j'adore ce temps-là et tu comprends que je me garde bien d'allumer ton maudit calorifère... »

Elle cesse de lire, tout heureuse à cette idée qu'elle l'a eu,
son calorifère. Sa main droite, qui tient la lettre, retombe len-
300 tement sur ses genoux, tandis qu'elle porte à sa bouche sa main
gauche comme pour calmer la toux opiniâtre qui lui déchire
la poitrine. **(80) (81)**

(11 décembre 1883.)

———— ■ **QUESTIONS** ————————————

80. Combien de temps s'est écoulé depuis le début du récit? Par quel
procédé le narrateur crée-t-il l'impression d'une continuité ininter-
rompue? — Dégagez tous les sens possibles du tableau final; quelle est
la fonction de la lettre à ce moment du récit?

Questions 81, v. p. 135.

XVII

GARÇON, UN BOCK![104]

A José Maria de Heredia.

Pourquoi suis-je entré, ce soir-là, dans cette brasserie? Je n'en sais rien. Il faisait froid. Une fine pluie, une poussière d'eau voltigeait, voilait les becs de gaz d'une brume transparente, faisait luire les trottoirs que traversaient les lueurs des
5 devantures, éclairant la boue humide et les pieds sales des passants.

Je n'allais nulle part. Je marchais un peu après dîner. Je passai le Crédit Lyonnais, la rue Vivienne, d'autres rues encore. J'aperçus soudain une grande brasserie à moitié pleine. J'entrai,
10 sans aucune raison. Je n'avais pas soif.

D'un coup d'œil, je cherchai une place où je ne serais point trop serré, et j'allai m'asseoir à côté d'un homme qui me parut vieux et qui fumait une pipe de deux sous, en terre, noire comme un charbon. Six ou huit soucoupes de verre, empilées sur la table devant lui, indiquaient le nombre de bocks qu'il avait absorbés déjà. Je n'examinai pas mon voisin. D'un coup d'œil j'avais reconnu un bockeur, un de ces habitués de brasserie qui arrivent le matin, quand on ouvre, et s'en vont le soir, quand on ferme. Il était sale, chauve du milieu du crâne,
20 tandis que de longs cheveux gras, poivre et sel, tombaient sur le col de sa redingote. Ses habits trop larges semblaient avoir été faits au temps où il avait du ventre. On devinait que le pantalon ne tenait guère et que cet homme ne pouvait faire dix pas

---

104. Ce récit parut dans *Gil Blas* le 1ᵉʳ janvier 1884.

──────── **QUESTIONS** ────────────────────

81. SUR L'ENSEMBLE DU RÉCIT. — La composition : montrez que le récit-souvenir explique l'attitude énigmatique de la jeune femme au tableau initial. Étudiez l'opposition entre la durée objective et la durée subjective du souvenir ; dégagez-en l'importance pour la structure du récit.

— Les techniques de narration : en quoi l'utilisation du temps, la répartition des dialogues et l'emploi du style indirect libre soulignent-ils le rôle de l'affectivité dans la reconstitution de la mémoire ?

— Le rôle de l'objet : quelle fonction assume le calorifère aux yeux de la jeune femme ? A-t-il un rôle principal dans la nouvelle ?

— Une nouvelle psychologique : comment s'orchestre à l'intérieur du récit le thème de la solitude ? Soulignez l'opposition de caractères entre Henry de Parville et sa femme.

sans rajuster et retenir ce vêtement mal attaché. Avait-il un
25 gilet? La seule pensée des bottines et de ce qu'elles enfermaient
me terrifia. Les manchettes effiloquées étaient complètement
noires du bord, comme les ongles.

Dès que je fus assis à son côté, ce personnage me dit d'une
voix tranquille : « Tu vas bien? »
30 Je me tournai vers lui d'une secousse et je le dévisageai. Il
reprit : « Tu ne me reconnais pas? »

— Non!

— Des Barrets. »

Je fus stupéfait. C'était le comte Jean des Barrets, mon ancien
35 camarade de collège. **(82)**

Je lui serrai la main, tellement interdit que je ne trouvai rien
à dire.

Enfin, je balbutiai : « Et toi, tu vas bien? »

Il répondit placidement : « Moi, comme je peux. »
40 Il se tut, je voulus être aimable, je cherchai une phrase :
« Et... qu'est-ce que tu fais? »

Il répliqua avec résignation : « Tu vois. »

Je me sentis rougir. J'insistai : « Mais tous les jours? »

Il prononça, en soufflant d'épaisses bouffées de fumée :
45 « Tous les jours c'est la même chose. »

Puis, tapant sur le marbre de la table avec un sou qui traî-
nait, il s'écria : « Garçon, deux bocks! »

Une voix lointaine répéta : « Deux bocks au quatre! » Une
autre voix plus éloignée encore lança un « Voilà! » suraigu.
50 Puis un homme en tablier blanc apparut, portant les deux bocks
dont il répandait, en courant, les gouttes jaunes sur le sol sablé.

Des Barrets vida d'un trait son verre et le reposa sur la table,
pendant qu'il aspirait la mousse restée en ses moustaches.

Puis il demanda : « Et quoi de neuf? »
55 Je ne savais rien de neuf à lui dire, en vérité. Je balbutiai :
« Mais rien, mon vieux. Moi je suis commerçant. »

Il prononça de sa voix toujours égale : « Et... ça t'amuse?

— Non, mais que veux-tu? Il faut bien faire quelque chose!

— Pourquoi ça?
60 — Mais... pour s'occuper.

— A quoi ça sert-il? Moi, je ne fais rien, comme tu vois,

──────── **QUESTIONS** ────────

82. Dans quelle mesure l'atmosphère prépare-t-elle le sujet et le ton de
cette nouvelle? Comment est ménagé l'effet de surprise que produit la
présentation du comte Jean des Barrets?

jamais rien. Quand on n'a pas le sou, je comprends qu'on travaille. Quand on a de quoi vivre, c'est inutile. A quoi bon travailler ? Le fais-tu pour toi ou pour les autres ? Si tu le fais pour
65 toi, c'est que ça t'amuse, alors très bien ; si tu le fais pour les
autres, tu n'es qu'un niais. »

Puis, posant sa pipe sur le marbre, il cria de nouveau : « Garçon, un bock ! » et reprit : « Ça me donne soif, de parler. Je n'en
ai pas l'habitude. Oui, moi, je ne fais rien, je me laisse aller, je
70 vieillis. En mourant je ne regretterai rien. Je n'aurai pas d'autre
souvenir que cette brasserie. Pas de femme, pas d'enfants, pas
de soucis, pas de chagrins, rien. Ça vaut mieux. »

Il vida le bock qu'on lui avait apporté, passa sa langue sur
ses lèvres et reprit sa pipe.

75 Je le considérais avec stupeur. Je lui demandai :

« Mais tu n'as pas toujours été ainsi ?

— Pardon, toujours, dès le collège.

— Ce n'est pas une vie, ça, mon bon. C'est horrible. Voyons,
tu fais bien quelque chose, tu aimes quelque chose, tu as des
80 amis.

— Non. Je me lève à midi. Je viens ici, je déjeune, je bois
des bocks, j'attends la nuit, je dîne, je bois des bocks ; puis,
vers une heure et demie du matin, je retourne me coucher,
parce qu'on ferme. C'est ce qui m'embête le plus. Depuis dix
85 ans, j'ai bien passé six années sur cette banquette, dans mon
coin ; et le reste dans mon lit, jamais ailleurs. Je cause quelque-
fois avec des habitués.

— Mais, en arrivant à Paris, qu'est-ce que tu as fait tout
d'abord ?

90 — J'ai fait mon droit... au café de Médicis.

— Mais après ?

— Après... j'ai passé l'eau et je suis venu ici[105].

— Pourquoi as-tu pris cette peine ?

— Que veux-tu, on ne peut pas rester toute sa vie au quartier
95 Latin. Les étudiants font trop de bruit. Maintenant je ne bou-
gerai plus. Garçon, un bock ! »

Je croyais qu'il se moquait de moi. J'insistai.

« Voyons, sois franc. Tu as eu quelque gros chagrin ? Un

---

105. *Passer l'eau* : ici, passer de la rive gauche à la rive droite de la Seine,
c'est-à-dire quitter le quartier jeune et animé des étudiants (café de Médicis,
jardin du Luxembourg) pour les rues étroites, et plutôt tristes, autour de la
Bourse (rue Vivienne).

désespoir d'amour, sans doute? Certes, tu es un homme que le
100 malheur a frappé. Quel âge as-tu?

— J'ai trente-trois ans. Mais j'en parais au moins quarante-
cinq. »

Je le regardai bien en face. Sa figure ridée, mal soignée, semblait presque celle d'un vieillard. Sur le sommet du crâne,
105 quelques longs cheveux voltigeaient au-dessus de la peau d'une
propreté douteuse. Il avait des sourcils énormes, une forte
moustache et une barbe épaisse. J'eus brusquement, je ne sais
pourquoi, la vision d'une cuvette pleine d'eau noirâtre, l'eau
où aurait été lavé tout ce poil.

110 Je lui dis : « En effet, tu as l'air plus vieux que ton âge.
Certainement tu as eu des chagrins. »

Il répliqua : « Je t'assure que non. Je suis vieux parce que je
ne prends jamais l'air. Il n'y a rien qui détériore les gens comme
la vie de café. »

115 Je ne le pouvais croire : « Tu as bien aussi fait la noce? On
n'est pas chauve comme tu l'es sans avoir beaucoup aimé. »

Il secoua tranquillement le front, semant sur son dos les
petites choses blanches qui tombaient de ses derniers cheveux :
« Non, j'ai toujours été sage. » Et levant les yeux vers le lustre
120 qui nous chauffait la tête : « Si je suis chauve, c'est la faute
du gaz. Il est l'ennemi du cheveu. — Garçon, un bock! — Tu
n'as pas soif?

— Non, merci. Mais vraiment tu m'intéresses. Depuis quand
as-tu un pareil découragement? Ça n'est pas normal, ça n'est
125 pas naturel. Il y a quelque chose là-dessous.

— Oui, ça date de mon enfance. J'ai reçu un coup, quand
j'étais petit, et cela m'a tourné au noir pour jusqu'à la fin.

— Quoi donc?

— Tu veux le savoir? écoute. » **(83)**

130 Tu te rappelles bien le château où je fus élevé, puisque tu y
es venu cinq ou six fois pendant les vacances? Tu te rappelles ce
grand bâtiment gris, au milieu d'un grand parc, et les longues
avenues de chênes, ouvertes vers les quatre points cardinaux!

————————— **QUESTIONS** —————————

83. Notez les détails réalistes de cette scène, en particulier dans les
dialogues. Quelles idées traduit le discours du comte des Barrets? Par
quels moyens le narrateur suscite-t-il et entretient-il l'intérêt du lecteur
dans tout ce passage?

Tu te rappelles mon père et ma mère, tous les deux cérémo-
135 nieux, solennels et sévères.

J'adorais ma mère ; je redoutais mon père, et je les respectais
tous les deux, accoutumé d'ailleurs à voir tout le monde courbé
devant eux. Ils étaient, dans le pays, M. le comte et Mme la
comtesse ; et nos voisins aussi, les Tannemare, les Ravalet, les
140 Brenneville, montraient pour mes parents une considération
supérieure.

J'avais alors treize ans. J'étais gai, content de tout, comme
on l'est à cet âge-là, tout plein du bonheur de vivre.

Or, vers la fin de septembre, quelques jours avant ma ren-
145 trée au collège, comme je jouais à faire le loup dans les massifs
du parc, courant au milieu des branches et des feuilles, j'aperçus,
en traversant une avenue, papa et maman qui se promenaient.

Je me rappelle cela comme d'hier. C'était par un jour de
grand vent. Toute la ligne des arbres se courbait sous les rafales,
150 gémissait, semblait pousser des cris, de ces cris sourds, profonds,
que les forêts jettent dans les tempêtes.

Les feuilles arrachées, jaunes déjà, s'envolaient comme des
oiseaux, tourbillonnaient, tombaient puis couraient tout le long
de l'allée, ainsi que des bêtes rapides.

155 Le soir venait. Il faisait sombre dans les fourrés. Cette agita-
tion du vent et des branches m'excitait, me faisait galoper
comme un fou, et hurler pour imiter les loups.

Dès que j'eus aperçu mes parents, j'allai vers eux à pas fur-
tifs, sous les branches, pour les surprendre, comme si j'eusse
160 été un rôdeur véritable.

Mais je m'arrêtai, saisi de peur, à quelques pas d'eux. Mon
père, en proie à une terrible colère, criait :

« Ta mère est une sotte ; et, d'ailleurs, ce n'est pas de ta mère
qu'il s'agit, mais de toi. Je te dis que j'ai besoin de cet argent,
165 et j'entends que tu signes. »

Maman répondit, d'une voix ferme :

« Je ne signerai pas. C'est la fortune de Jean, cela. Je la garde
pour lui et je ne veux pas que tu la manges encore avec des
filles et des servantes, comme tu as fait de ton héritage. »

170 Alors papa, tremblant de fureur, se retourna, et saisissant
sa femme par le cou, il se mit à la frapper avec l'autre main de
toute sa force, en pleine figure.

Le chapeau de maman tomba, ses cheveux dénoués se répan-
dirent ; elle essayait de parer les coups, mais elle n'y pouvait
175 parvenir. Et papa, comme fou, frappait, frappait. Elle roula

par terre, cachant sa face dans ses deux bras. Alors il la renversa sur le dos pour la battre encore, écartant les mains dont elle se couvrait le visage.

Quant à moi, mon cher, il me semblait que le monde allait finir, que les lois éternelles étaient changées. J'éprouvais le bouleversement qu'on a devant les choses surnaturelles, devant les catastrophes monstrueuses, devant les irréparables désastres. Ma tête d'enfant s'égarait, s'affolait. Et je me mis à crier de toute ma force, sans savoir pourquoi, en proie à une épouvante, à une douleur, à un effarement épouvantables. Mon père m'entendit, se retourna, m'aperçut, et, se relevant, s'en vint vers moi. Je crus qu'il m'allait tuer et je m'enfuis comme un animal chassé, courant tout droit devant moi, dans le bois.

J'allai peut-être une heure, peut-être deux, je ne sais pas. La nuit étant venue, je tombai sur l'herbe, et je restai là éperdu, dévoré par la peur, rongé par un chagrin capable de briser à jamais un pauvre cœur d'enfant. J'avais froid, j'avais faim peut-être. Le jour vint. Je n'osais plus me lever, ni marcher, ni revenir, ni me sauver encore, craignant de rencontrer mon père que je ne voulais plus revoir.

Je serais peut-être mort de misère et de famine au pied de mon arbre, si le garde ne m'avait découvert et ramené de force.

Je trouvai mes parents avec leur visage ordinaire. Ma mère me dit seulement : « Comme tu m'as fait peur, vilain garçon, j'ai passé la nuit sans dormir. » Je ne répondis point, mais je me mis à pleurer. Mon père ne prononça pas une parole.

Huit jours plus tard, je rentrais au collège.

Eh bien, mon cher, c'était fini pour moi. J'avais vu l'autre face des choses, la mauvaise; je n'ai plus aperçu la bonne depuis ce jour-là. Que s'est-il passé dans mon esprit? Quel phénomène étrange m'a retourné les idées? Je l'ignore. Mais je n'ai plus eu de goût pour rien, envie de rien, d'amour pour personne, de désir quelconque, d'ambition ou d'espérance. Et j'aperçois toujours ma pauvre mère, par terre, dans l'allée, tandis que mon père l'assommait. — Maman est morte après quelques années. Mon père vit encore. Je ne l'ai pas revu. — Garçon, un bock!...

───── **QUESTIONS** ─────

84. Relevez les éléments descriptifs qui composent l'atmosphère de la scène. — Expliquez les répercussions de l'événement sur le caractère de l'enfant et de l'homme : sont-elles plausibles? Comment la psychologie appelle-t-elle le drame qu'a vécu l'enfant? Dans quelle phrase précise se trouve la clé du personnage? Commentez-la.

On lui apporta un bock qu'il engloutit d'une gorgée. Mais, en reprenant sa pipe, comme il tremblait, il la cassa. Alors il eut un geste désespéré, et il dit : « Tiens ! C'est un vrai chagrin, ça, par exemple. J'en ai pour un mois à en culotter une nouvelle. »

Et il lança à travers la vaste salle, pleine maintenant de fumée et de buveurs, son éternel cri : « Garçon, un bock — et une pipe neuve ! » **(84) (85)**

(1er janvier 1884.)

─────── **QUESTIONS** ─────────────────────

Question 84, v. p. 140.

85. Sur l'ensemble du récit. — La composition : comment la seconde partie du récit retouche-t-elle en profondeur le portrait que traçait la première partie ?

— Le pessimisme : quelle vision du monde est ici exprimée ? En quoi illustre-t-elle le pessimisme de l'auteur ? Quel est le leitmotiv, au sens musical, de cette nouvelle ? Quelle est sa fonction ?

— L'impassibilité : on a prétendu qu'il s'agissait dans ce récit d'une expérience personnelle de l'auteur (sa mère ayant eu à souffrir du caractère volage et dissipateur de son mari au point qu'elle s'en sépara en 1862) ; en supposant cette hypothèse légitime, appréciez les moyens de la mise en œuvre.

Jean Béraud. 1889

« Pourquoi suis-je entré, ce soir-là, dans cette brasserie?
Je n'en sais rien. Il faisait froid. » (Page 135, lignes 1-2.)

Tableau de Jean Béraud. Paris, musée Carnavalet.

Phot. Bulloz.

DOCUMENTATION THÉMATIQUE

1. La pensée de Maupassant.
2. La présence au monde.
3. Les idées politiques et sociales.
4. Maupassant intime.

1. LA PENSÉE DE MAUPASSANT

L'exigence d'impassibilité impose à Maupassant « la nécessité de dérober la vision du monde sous la vision d'art » (A. Vial). Mais si sa vision du monde n'apparaît qu'indirectement dans son œuvre littéraire, elle s'exprime librement dans les *Chroniques*, la *Correspondance*, dans ses journaux de voyage (*Sur l'eau, la Vie errante*) ; c'est pourquoi nous citons ici des extraits de ces écrits, qui, en marge de l'œuvre, constituent pour la connaissance de celle-ci des documents précieux où se révèlent la pensée et la personnalité de l'écrivain.

> A l'origine du pessimisme de l'écrivain est la certitude que les limites des conditions de l'expérience déterminent l'étroitesse de la pensée humaine. D'après les extraits ci-dessous, on dégagera le principe d'une vision désespérée qui nie chez l'homme tout pouvoir d'évasion hors des bornes que la nature a assignées à sa connaissance.

> Mais on ne voit donc pas que nous sommes toujours emprisonnés en nous-mêmes, sans parvenir à sortir de nous, condamnés à traîner le boulet de notre rêve sans essor !
>
> Tout le progrès de notre effort cérébral consiste à constater des faits matériels au moyen d'instruments ridiculement imparfaits, qui suppléent cependant un peu à l'incapacité de nos organes. Tous les vingt ans, un pauvre chercheur qui meurt à la peine découvre que l'air contient un gaz encore inconnu, qu'on dégage une force impondérable, inexplicable et inqualifiable en frottant de la cire sur du drap, que parmi les innombrables étoiles ignorées, il s'en trouve une qu'on n'avait pas encore signalée dans le voisinage d'une autre, vue et baptisée depuis longtemps. Qu'importe ?
>
> Nos maladies viennent des microbes ? Fort bien. Mais d'où viennent ces microbes ? et les maladies de ces invisibles eux-mêmes ? Et les soleils, d'où viennent-ils ?
>
> Nous ne savons rien, nous ne voyons rien, nous ne pouvons rien, nous ne devinons rien, nous n'imaginons rien, nous sommes enfermés, emprisonnés en nous. Et des gens s'émerveillent du génie humain.
>
> Maupassant, *Sur l'eau*.

L'Intelligence, aveugle et laborieuse Inconnue, ne peut rien savoir, rien comprendre, rien découvrir que par les sens. Ils sont ses uniques pourvoyeurs, les seuls intermédiaires entre l'Universelle Nature et Elle. Elle ne travaille que sur les renseignements fournis par eux, et ils ne peuvent eux-mêmes les recueillir que suivant leurs qualités, leur sensibilité, leur force et leur finesse.

La valeur de la pensée dépend donc évidemment d'une façon directe de la valeur des organes, et son étendue est limitée par leur nombre.

M. Taine d'ailleurs a magistralement traité et développé cette idée.

Les sens sont au nombre de cinq, rien que de cinq. Ils nous révèlent, en les interprétant, quelques propriétés de la matière environnante qui peut, qui doit receler un nombre illimité d'autres phénomènes que nous sommes incapables de percevoir. Supposons que l'homme ait été créé sans oreilles ; il vivrait tout de même à peu près de la même façon, mais pour lui l'Univers serait muet ; il n'aurait aucun soupçon du bruit et de la musique, qui sont des vibrations transformées.

Mais s'il avait reçu en don d'autres organes, puissants et délicats, doués aussi de cette propriété de métamorphoser en perceptions nerveuses les actions et les attributs de tout l'inexploré qui nous entoure, combien plus varié serait le domaine de notre savoir et de nos émotions.

C'est en ce domaine impénétrable que chaque artiste essaye d'entrer, en tourmentant, en violentant, en épuisant le mécanisme de sa pensée. Ceux qui succombent par le cerveau, Heine, Baudelaire, Balzac, Byron vagabond, à la recherche de la mort, inconsolable du malheur d'être un grand poète, Musset, Jules de Goncourt et tant d'autres, n'ont-ils pas été brisés par le même effort pour renverser cette barrière matérielle qui emprisonne l'intelligence humaine ?

Maupassant, la Vie errante.

On appréciera l'influence des philosophes Schopenhauer et Spencer, que nous citons ci-dessous d'après A. Vial (*op. cit.*, pages 129 et 130), et l'on étudiera comment, bien étrangère à la traduction d'un système philosophique, s'exprime chez Maupassant une conviction intime et douloureusement ressentie.

« Du point de vue subjectif où reste nécessairement placée notre conscience, chacun est à lui-même l'univers entier ; tout ce qui est l'objet n'existe pour lui qu'indirectement en qualité de représentation du sujet ; si bien que rien n'existe, sinon en tant qu'il est dans la conscience. Le seul univers que chacun de nous connaisse réellement, il le porte en lui-même comme une représentation qui est à lui ; c'est pourquoi il en est le centre. »

Schopenhauer, Fondement de la morale.

« Au fond même de la vie nous retrouvons la relativité de la connaissance. Non seulement l'analyse des actions vitales en général nous conduit à conclure que les choses en soi ne peuvent nous être connues, mais elle nous apprend que leur connaissance, si elle était possible, serait sans utilité. »

Spencer, *Premiers Principes.*

Incapable de dépasser l'univers borné de sa connaissance, l'homme souffre de la banalité des êtres et des choses. Le désespoir qui s'exprime dans les textes ci-dessous a des accents romantiques ; on notera en particulier les thèmes de l'ennui et de la souffrance de vivre.

Heureux ceux que satisfait la vie, ceux qui s'amusent, ceux qui sont contents.

Il est des gens qui aiment tout, que tout enchante. Ils aiment le soleil et la pluie, la neige et le brouillard, les fêtes et le calme de leur logis, tout ce qu'ils voient, tout ce qu'ils font, tout ce qu'ils disent, tout ce qu'ils entendent.

Ceux-ci mènent une existence douce, tranquille et satisfaite au milieu des enfants. Ceux-là ont une existence agitée de plaisirs et de distractions.

Ils ne s'ennuient ni les uns ni les autres.

La vie, pour eux, est une sorte de spectacle amusant dont ils sont eux-mêmes acteurs, une chose bonne et changeante qui, sans trop les étonner, les ravit.

Mais d'autres hommes, parcourant d'un éclair de pensée le cercle étroit des satisfactions possibles, demeurent atterrés devant le néant du bonheur, la monotonie et la pauvreté des joies terrestres.

Dès qu'ils touchent à trente ans, tout est fini pour eux. Qu'attendraient-ils ? Rien ne les distrait plus ; ils ont fait le tour de nos maigres plaisirs.

Heureux ceux qui ne connaissent pas l'écœurement abominable des mêmes actions toujours répétées ; heureux ceux qui ont la force de recommencer chaque jour les mêmes besognes, avec les mêmes gestes, les mêmes meubles, le même horizon, le même ciel, de sortir par les mêmes rues où ils rencontrent les mêmes figures et les mêmes animaux. Heureux ceux qui ne s'aperçoivent pas avec un immense dégoût que rien ne change, que rien ne passe et que tout lasse.

Faut-il que nous ayons l'esprit lent, fermé, et peu exigeant pour nous contenter de ce qui est.

Maupassant, *Par-delà.*

... Si jamais je pouvais parler, je laisserais sortir tout ce que je sens au fond de moi de pensées inexplorées, refoulées, désolées. Je les sens qui me gonflent et m'empoisonnent comme la bile chez les bilieux. Mais si je pouvais un jour les expectorer, alors elles s'évaporeraient peut-être et je ne trouverais plus en moi qu'un cœur léger, joyeux qui sait ? Penser devient un tour-

ment abominable quand la cervelle n'est qu'une plaie. J'ai
tant de meurtrissures dans la tête que mes idées ne peuvent
remuer sans me donner envie de crier. Pourquoi ? Pourquoi ?
Dumas dirait que j'ai un mauvais estomac. Je crois plutôt que
j'ai un pauvre cœur orgueilleux et honteux, un cœur humain,
ce vieux cœur humain dont on rit, mais qui s'émeut et fait mal
et dans la tête aussi, j'ai l'âme des Latins qui est très usée. Et
puis il y a des jours où je ne pense pas comme ça, mais où je
souffre tout de même, car je suis de la famille des écorchés.
Mais cela, je ne le dis pas, je ne le montre pas, je le dissimule
même très bien, je crois. On me pense sans aucun doute un des
hommes les plus indifférents du monde. Je suis sceptique, ce
qui n'est pas la même chose, sceptique parce que j'ai les yeux
clairs. Et mes yeux disent à mon cœur : Cache-toi, vieux, tu
es grotesque, et il se cache...

> Maupassant, *Lettre à Mme X.*

L'art même ne saurait consoler l'écrivain du néant de tout. Sur
ce point s'affirme l'originalité de Maupassant par rapport au pessimisme de son maître Flaubert, pour qui la contemplation esthétique est une compensation à l' « éternelle misère de tout ».

Les arts ? La peinture consiste à reproduire avec des couleurs
les monotones paysages sans qu'ils ressemblent jamais à la
nature, à dessiner les hommes, en s'efforçant, sans y jamais
parvenir, de leur donner l'aspect des vivants. On s'acharne
ainsi, inutilement, pendant des années, à imiter ce qui est ; et
on arrive à peine, par cette copie immobile et muette des actes
de la vie, à faire comprendre aux yeux exercés ce qu'on a
voulu tenter.
Pourquoi ces efforts ? Pourquoi cette imitation vaine ? Pourquoi cette reproduction banale de choses si tristes par elles-
mêmes ? Misère !
Les poètes font avec des mots ce que les peintres essayent avec
des nuances. Pourquoi encore ?
Quand on a lu les quatre plus habiles, les quatre plus ingé-
nieux, il est inutile d'en ouvrir un autre. Et on ne sait rien de
plus. Ils ne peuvent, eux aussi, ces hommes, qu'imiter l'homme.
Ils s'épuisent en un labeur stérile. Car l'homme ne changeant
pas, leur art inutile est immuable. Depuis que s'agite notre
courte pensée, l'homme est le même ; ses sentiments, ses
croyances, ses sensations sont les mêmes ; il n'a point avancé,
il n'a point reculé, il n'a point remué. A quoi me sert d'apprendre ce que je suis, de lire ce que je pense, de me regarder
moi-même dans les banales aventures d'un roman ?
Ah ! si les poètes pouvaient traverser l'espace, explorer les
astres, découvrir d'autres univers, d'autres êtres, varier sans
cesse pour mon esprit la nature et la forme des choses, me

promener sans cesse dans un inconnu changeant et surprenant, ouvrir des portes mystérieuses sur des horizons inattendus et merveilleux, je les lirais jour et nuit. Mais ils ne peuvent, ces impuissants, que changer la place d'un mot, et me montrer mon image, comme les peintres. A quoi bon?

Car la pensée de l'homme est immobile.

Les limites précises, proches, infranchissables, une fois atteintes, elle tourne comme un cheval dans un cirque, comme une mouche dans une bouteille fermée, voletant jusqu'aux parois où elle se heurte toujours.

Maupassant, Sur l'eau.

L'obsession de l' « impuissance humaine » conduit Maupassant à l'obsession de la clairvoyance. Les extraits ci-dessous traduisent chez l'écrivain la hantise d'une « pénétration » totale des êtres et des choses afin de les révéler dans leur « intimité » et ainsi de lever les apparences — les masques — dont se déguise le monde.

... Ah! j'en vois des têtes, des types, des cœurs et des âmes! Quelle clinique [qu'un salon] pour un faiseur de livres! Le dégoût que m'inspire cette humanité me fait regretter plus encore de n'avoir pu devenir ce que j'aurais voulu être avant tout : un satirique destructeur, un ironique féroce et comique, un Aristophane ou un Rabelais...

Le monde fait des ratés de tous les savants, de tous les artistes, de toutes les intelligences qu'il accapare. Il fait avorter tout sentiment sincère par sa façon d'éparpiller le goût, la curiosité, le désir, le peu de flamme qui brûle en nous.

... J'arrive à cette certitude que, pour bien écrire, en artiste, en coloriste, en sensitif et en imagier, il faut décrire et non pas analyser. Toutes les ressources séduisantes de la langue, les reliefs de sa précision, l'imprévu de ses évocations s'atténuent quand elle exprime les transitions des sentiments plutôt que les apparences de ces sentiments. Au fond, notre art consiste à montrer l'intimité des âmes de façon à la rendre visible, émouvante et surtout esthétique. Pour moi, la psychologie dans le roman ou la nouvelle se résume à ceci : mettre en scène l'homme secret par sa vie.

... Non, je n'ai pas une âme de décadent, je ne peux pas regarder en moi et l'effort que je fais pour pénétrer les âmes inconnues est pour moi incessant, involontaire, dominateur. Ce n'est pas un effort; je subis une sorte d'envahissement, de pénétration de ce qui m'entoure. Je m'en imprègne, je m'y soumets, je me noie dans les influences environnantes.

... Moi, je suis incapable d'aimer vraiment mon art. Je le juge trop, je l'analyse trop. Je sens trop combien est relative la valeur des idées, des mots et de l'intelligence la plus puissante. Je ne puis m'empêcher de mépriser la pensée, tant elle est faible, et la forme, tant elle est incomplète. J'ai vraiment, d'une façon aiguë, inguérissable, la notion de l'impuissance humaine et de l'effort qui n'aboutit qu'à de pauvres à-peu-près...

« Fragments sur l'art d'écrire et de l'écrivain », dans *Études, Chroniques et Correspondances*, page 422.

En général les romanciers défendent, non sans raison leur droit de se servir de tout spectacle humain qui leur passe sous les yeux.

Mais les gens du monde, menacés de voir ainsi déchirer les *apparences* dont ils se couvrent si facilement, crient à l'infamie et se révoltent même dès qu'ils retrouvent dans un livre, sans désignation de personnes, une des choses un peu honteuses qu'on fait tous les jours mais qu'on n'avoue pas.

Si on racontait, si on osait raconter tout ce qu'on sait, tout ce qu'on voit, tout ce qu'on découvre à chaque moment dans la vie de tous ceux qui nous entourent, de tous ceux qu'on dit, qu'on croit honnêtes, de tous ceux qui sont respectés, honorés et cités, si on osait raconter aussi tout ce qu'on fait soi-même, les vilaines duplicités d'âme qu'on ne s'avoue seulement pas, les secrets qu'on a vis-à-vis de sa propre honnêteté, si on analysait sincèrement nos pactisations, nos raisonnements hypocrites, nos douteuses résolutions, toute notre cuisine de conscience, ce serait un tel scandale que l'écrivain serait mis à l'index jusqu'à sa mort, peut-être même emprisonné pour outrage à la morale.

Maupassant, *les Masques*.

2. LA PRÉSENCE AU MONDE

La connaissance humaine étant incertaine et limitée, seules les joies de tous les sens, au contact des « forces brutales et naturelles du monde », rendent à Maupassant l'innocence — l'ignorance —, la joie. La ferveur qui s'exprime dans la page ci-dessous ne procède nullement, comme on le constatera, des jouissances d'une nature primitive, mais elle est bien une réaction, voire une révolte de l'esprit face au néant, à l'absurde.

Certes, en certains jours, j'éprouve l'horreur de ce qui est jusqu'à désirer la mort. Je sens jusqu'à la souffrance suraiguë la monotonie invariable des paysages, des figures et des pensées. La médiocrité de l'univers m'étonne et me révolte, la petitesse de toutes choses m'emplit de dégoût, la pauvreté des êtres humains m'anéantit.

En certains autres, au contraire, je jouis de tout à la façon d'un animal. Si mon esprit inquiet, tourmenté, hypertrophié par le travail, s'élance à des espérances qui ne sont point de notre race, et puis retombe dans le mépris de tout, après en avoir constaté le néant, mon corps de bête se grise de toutes les ivresses de la vie. J'aime le ciel comme un oiseau, les forêts comme un loup rôdeur, les rochers comme un chamois, l'herbe profonde pour m'y rouler, pour y courir comme un cheval, et l'eau limpide pour y nager comme un poisson. Je sens frémir en moi quelque chose de toutes les espèces d'animaux, de tous les instincts, de tous les désirs confus des créatures inférieures. J'aime la terre comme elles et non comme vous, les hommes, je l'aime sans l'admirer, sans la poétiser, sans m'exalter. J'aime d'un amour bestial et profond, méprisable et sacré, tout ce qui vit, tout ce qui pousse, tout ce qu'on voit, car tout cela, laissant calme mon esprit, trouble mes yeux et mon cœur, tout : les jours, les nuits, les fleuves, les mers, les tempêtes, les bois, les aurores, le regard et la chair des femmes.

La caresse de l'eau sur le sable des rives ou sur le granit des roches m'émeut et m'attendrit et la joie qui m'envahit, quand je me sens poussé par le vent et porté par la vague, naît de ce que je me livre aux forces brutales et naturelles du monde, de ce que je retourne à la vie primitive.

Quand il fait beau comme aujourd'hui, j'ai dans les veines le sang des vieux faunes lascifs et vagabonds, je ne suis plus le frère des hommes, mais le frère de tous les êtres et de toutes les choses !

Maupassant, Sur l'eau.

La passion de l'eau, élément double, monde transparent des profondeurs et de l'inconnaissable, provient également de la fascination qu'exerce sur Maupassant tout ce qui échappe à la perception et à la connaissance de l'homme.

J'aime l'eau d'une passion désordonnée : la mer, bien que trop grande, trop remuante, impossible à posséder, les rivières si jolies mais qui passent, qui fuient, qui s'en vont, et les marais surtout où palpite toute l'existence inconnue des bêtes aquatiques. Le marais, c'est un monde entier sur la terre, monde différent, qui a sa vie propre, ses habitants sédentaires, et ses voyageurs de passage, ses voix, ses bruits et son mystère surtout. Rien n'est plus troublant, plus inquiétant, plus effrayant, parfois, qu'un marécage. Pourquoi cette peur qui plane sur ces plaines basses couvertes d'eau ? Sont-ce les vagues rumeurs des roseaux, les étranges feux follets, le silence profond qui les enveloppe dans les nuits calmes, ou bien les brumes bizarres, qui traînent sur les joncs comme des robes de mortes, ou bien encore l'imperceptible clapotement, si léger, si doux, et plus terrifiant parfois que le canon des hommes ou que le tonnerre du ciel, qui fait ressembler les marais à des pays de rêve, à des pays redoutables, cachant un secret inconnaissable et dangereux.

Non. Autre chose s'en dégage, un autre mystère, plus profond, plus grave, flotte dans les brouillards épais, le mystère même de la création peut-être ! Car n'est-ce pas dans l'eau stagnante et fangeuse, dans la lourde humidité des terres mouillées sous la chaleur du soleil, que remua, que vibra, que s'ouvrit au jour le premier germe de vie ?

Maupassant, *Contes et Nouvelles*, « Amour ».

3. LES IDÉES POLITIQUES ET SOCIALES

Une réelle indépendance d'esprit empêche Maupassant de se lier à un parti. A Catulle Mendès, qui le sollicitait d'entrer dans la franc-maçonnerie, il répond :

Paris [1876].

Voici, mon cher ami, les raisons qui me font renoncer à devenir franc-maçon : 1° Du moment qu'on entre dans une société quelconque, surtout dans une de celles qui ont des prétentions, bien inoffensives du reste, à être sociétés secrètes, on est astreint à certaines règles, on promet certaines choses, on se met un joug sur le cou, et, quelque léger qu'il soit, c'est désagréable. *J'aime mieux payer mon bottier qu'être son égal ;* 2° Si la chose était sue — et elle le serait fatalement —, car il ne me conviendrait pas d'entrer dans une réunion d'honnêtes gens pour m'en cacher comme d'une chose honteuse, je me trouverais d'un seul coup, à peu près mis à l'index par la plus grande partie de ma famille, ce qui serait au moins fort inutile, si ce n'était en outre, fort préjudiciable à mes intérêts. Par égoïsme, méchanceté ou éclectisme, je veux n'être jamais lié à aucun parti politique, quel qu'il soit, à aucune religion, à aucune secte, à aucune école ; ne jamais entrer dans une association professant certaines doctrines, ne m'incliner devant aucun dogme, devant aucune prime et aucun principe, et cela uniquement pour conserver le droit d'en dire du mal. Je veux qu'il me soit permis d'attaquer tous les bons Dieux, et *bataillons carrés* sans qu'on puisse me reprocher d'avoir encensé les uns ou manié la pique dans les autres, ce qui me donne également le droit de me battre pour tous mes amis, quel que soit le drapeau qui les couvre.

Son pessimisme lui interdit certes tout engagement ; mais sa clairvoyance et sa sensibilité lui dictent des pages généreuses et passionnées où il dénonce les crimes de la société contre l'individu.

A. Lanoux souligne les contradictions politiques de Maupassant lorsqu'il écrit : « Maupassant fouetté par l'humeur, l'indignation, la colère, détestant la guerre, les militaires, les financiers, l'exploitation de l'homme par l'homme [...] ressemble à un « progressiste » d'aujourd'hui. Mais il a non moins de traits du « réactionnaire », le mépris du peuple, du parlement, du grand nombre, de la démocratie » *(Maupassant, le bel ami)*. Nous citons ici quatre extraits de chroniques où s'expriment les opinions de Maupassant.

◆ Sur les rapports de l'artiste et de la société.

> J'imagine que la plupart des hommes de lettres pensent à peu près de même en politique. Nous sommes, en général, des indifférents, des indifférents utiles, à l'occasion, et facilement changeants. Lorsqu'on s'est formé des idées, justes ou fausses, un peu sur toutes choses, il reste un point sur lequel on ne peut en avoir que de très fluctuantes : c'est celui-là. En somme, la profession de foi de celui qui réfléchit, qui voit les causes et les raisons, qui a appris dans l'histoire ce que sont les peuples, comment on gouverne, comment on rend grandes ou décadentes, glorieuses ou méprisées, sages ou folles, opulentes ou misérables, les enfantines et simples multitudes, ne peut guère se formuler que par de décourageantes constatations. Entre le gouvernement d'un seul, qui peut être la tyrannie d'une brute féroce, le suffrage restreint qui est un bâtard de l'injustice et du tremblement, et le suffrage universel, émanation directe de toutes les ignorances, de toutes les convoitises, de toutes les bassesses de l'animal humain sans culture, un homme éclairé ne doit avoir que de très vagues sympathies.
>
> Maupassant, *Danger public*.

Un écrivain de grand talent, M. Jules Vallès, me prenait à partie l'autre jour, et, me faisant l'honneur de me nommer au milieu d'illustres romanciers, il nous reprochait de ne pas écrire pour le peuple, de ne pas nous occuper de ses besoins, de mépriser la politique, etc. En un mot, nous ne nous inquiétons nullement de la question du pain ; et c'est là un crime qui suffirait à nous désigner, comme otages, à la prochaine révolution.

Au fond, M. Vallès, qui a pour les barricades un amour immodéré, n'admet point qu'on aime autre chose. Il s'étonne qu'on puisse loger ailleurs que sur des pavés entassés, qu'on puisse rêver d'autres plaisirs, s'intéresser à d'autres besognes. Je respecte cet idéal littéraire, tout en réclamant le droit de conserver le mien, qui est différent. Certes la barricade a du bon, comme sujet à écrire. M. Vallès l'a souvent prouvé ; mais je ne crois pas qu'elle soit plus utile à la question des boulangeries populaires que les amours de Paul et Virginie. [...]

On ne peut nous demander qu'une chose : le talent. Si nous n'en avons pas, nous sommes tout juste bons à fusiller ; si nous en avons, il est de notre devoir de l'employer uniquement pour les gens les plus cultivés, qui sont seuls juges de nos mérites, et non pour les plus grossiers, à qui notre art est inconnu.

Mais, si le peuple était capable de lire les romanciers, les vrais romanciers, il y pourrait trouver le plus utile des enseignements, la science de la vie. Tout l'effort littéraire aujourd'hui tend à pénétrer la nature humaine et à l'exprimer telle qu'elle est, à l'expliquer dans les limites de la stricte vérité.

Quel service plus grand peut-on rendre à un pays que de lui apprendre ce que sont les hommes, à quelque classe qu'ils appartiennent, de lui apprendre à se connaître lui-même ? C'est là, j'en conviens, le moindre souci des romanciers. Ils s'adressent à la tête seule de la nation ; que les politiciens s'occupent du bas.

Et soyez certain, mon cher confrère, que, malgré tout votre talent, le peuple se moque passablement de vos livres, qu'il ne les a pas lus, et que vos vrais appréciateurs sont ceux-là même qui méprisent le plus la politique.

Maupassant, A propos du peuple.

◆ Sur l'oppression de l'homme par la société.

Sur la porte des Ministères, on devrait écrire en lettres noires la célèbre phrase de Dante : « Laissez toute espérance, vous qui entrez. »

On pénètre là vers vingt-deux ans. On y reste jusqu'à soixante. Et pendant cette longue période, rien ne se passe. L'existence tout entière s'écoule dans le petit bureau sombre, toujours le même, tapissé de cartons verts. On y entre jeune, à l'heure des espoirs vigoureux. On en sort vieux, près de mourir. Toute cette moisson de souvenirs que nous faisons dans une vie, les événements imprévus, les amours douces ou tragiques, les voyages aventureux, tous les hasards d'une existence libre sont inconnus à ces forçats.

Tous les jours, les semaines, les mois, les saisons, les années se ressemblent. A la même heure, on arrive ; à la même heure, on déjeune ; à la même heure, on s'en va ; et cela de vingt-deux à soixante ans. Quatre accidents seulement font date : le mariage, la naissance du premier enfant, la mort de son père et de sa mère. Rien autre chose ; pardon, les avancements. On ne sait rien de la vie ordinaire, rien même de Paris. On ignore jusqu'aux joyeuses journées de soleil dans les rues, et les vagabondages dans les champs : car jamais on n'est lâché avant l'heure réglementaire.

On se constitue prisonnier à dix heures du matin ; la prison s'ouvre à cinq heures, alors que la nuit vient. Mais, en

compensation, pendant quinze jours par an on a bien le droit,
— droit discuté, marchandé, reproché, d'ailleurs — de rester
enfermé dans son logis. Car où pourrait-on aller sans argent?
Le charpentier grimpe dans le ciel, le cocher rôde par les rues;
le mécanicien des chemins de fer traverse les bois, les plaines,
les montagnes, va sans cesse des murs de la ville au large
horizon bleu des mers. L'employé ne quitte point son bureau,
cercueil de ce vivant; et dans la même petite glace où il s'est
regardé, jeune, avec sa moustache blonde, le jour de son
arrivée, il se contemple, chauve, avec sa barbe blanche, le
jour où il est mis à la retraite. Alors, c'est fini, la vie est fermée,
l'avenir clos. Comment cela se fait-il qu'on en soit là, déjà?
Comment donc a-t-on pu vieillir ainsi sans qu'aucun événement se soit accompli, qu'aucune surprise de l'existence vous
ait jamais secoué? Cela est, pourtant. Place aux jeunes, aux
jeunes employés!
Alors on s'en va, plus misérable encore, avec l'infime pension
de retraite. On se retire aux environs de Paris, dans un village
à dépotoirs, où l'on meurt presque tout de suite de la brusque
rupture de cette longue et acharnée habitude du bureau quotidien, des mêmes mouvements, des mêmes actions, des mêmes
besognes aux mêmes heures.

Maupassant, les Employés.

Un artiste habile en cette partie, un massacreur de génie,
M. de Moltke, a répondu, un jour, aux délégués de la paix, les
étranges paroles que voici :
« La guerre est sainte, d'institution divine; c'est une des lois
sacrées du monde; elle entretient chez les hommes tous les
grands, les nobles sentiments : l'honneur, le désintéressement,
la vertu, le courage, et les empêche, en un mot, de tomber dans
le plus hideux matérialisme. »
Ainsi, se réunir en troupeaux de quatre cent mille hommes,
marcher jour et nuit sans repos, ne penser à rien ni rien étu-
dier, ne rien apprendre, ne rien lire, n'être utile à personne,
pourrir de saleté, coucher dans la fange, vivre comme les
brutes dans un hébètement continu, piller les villes, brûler les
villages, ruiner les peuples, puis rencontrer une autre agglo-
mération de viande humaine, se ruer dessus, faire des lacs de
sang, des plaines de chair pilée mêlée à la terre boueuse et
rougie, des monceaux de cadavres, avoir les bras ou les jambes
emportés, la cervelle écrabouillée sans profit pour personne,
et crever au coin d'un champ tandis que vos vieux parents,
votre femme et vos enfants meurent de faim; voilà ce qu'on
appelle ne pas tomber dans le plus hideux matérialisme.
Les hommes de guerre sont les fléaux du monde. Nous luttons
contre la nature, l'ignorance, contre les obstacles de toute

sorte, pour rendre moins dure notre misérable vie. Des hommes, des bienfaiteurs, des savants usent leur existence à travailler, à chercher ce qui peut aider, ce qui peut secourir, ce qui peut soulager leurs frères. Ils vont, acharnés à leur besogne utile, entassant les découvertes, agrandissant l'esprit humain, élargissant la science, donnant chaque jour à l'intelligence une somme de savoir nouveau, donnant chaque jour à leur patrie du bien-être, de l'aisance, de la force.

La guerre arrive. En six mois, les généraux ont détruit vingt ans d'efforts, de patience et de génie.

Voilà ce qu'on appelle ne pas tomber dans le plus hideux matérialisme.

Qu'ont-ils donc fait pour prouver même un peu d'intelligence, les hommes de guerre ? Rien. Qu'ont-ils inventé ? Des canons et des fusils. Voilà tout.

L'inventeur de la brouette n'a-t-il pas plus fait pour l'homme, par cette simple et pratique idée d'ajuster une roue à deux bâtons, que l'inventeur des fortifications modernes ?

Que nous reste-t-il de la Grèce ? Des livres, des marbres. Est-elle grande parce qu'elle a vaincu ou par ce qu'elle a produit ? Est-ce l'invasion des Perses qui l'a empêchée de tomber dans le plus hideux matérialisme ?

Sont-ce les invasions des barbares qui ont sauvé Rome et l'ont régénérée ?

Est-ce que Napoléon Ier a continué le grand mouvement intellectuel commencé par les philosophes à la fin du dernier siècle ?

Eh bien, oui, puisque les gouvernements prennent ainsi le droit de mort sur les peuples, il n'y a rien d'étonnant à ce que le peuples prennent parfois le droit de mort sur les gouvernements.

Ils se défendent. Ils ont raison. Personne n'a le droit absolu de gouverner les autres. On ne le peut faire que pour le bien de ceux qu'on dirige. Quiconque gouverne a autant le devoir d'éviter la guerre qu'un capitaine de navire a celui d'éviter le naufrage.

Quand un capitaine a perdu son bâtiment, on le juge et on le condamne, s'il est reconnu coupable de négligence ou même d'incapacité.

Pourquoi ne jugerait-on pas les gouvernements après chaque guerre déclarée ? Si les peuples comprenaient cela, s'ils faisaient justice eux-mêmes des pouvoirs meurtriers, s'ils refusaient de se laisser tuer sans raison, s'ils se servaient de leurs armes contre ceux qui les leur ont données pour massacrer, ce jour-là la guerre serait morte... Mais ce jour ne viendra pas !

Maupassant, *Sur l'eau.*

On analysera comment l'écrivain a transporté ses opinions politiques et sociales dans un certain nombre de ses nouvelles.

4. MAUPASSANT INTIME

On relèvera les traits de sensibilité et de lucidité qui font l'originalité de la personnalité de Maupassant dans cet extrait de son *Journal.*

Soudain quelque chose grinça. Quoi? je ne sais, une poulie dans la mâture, sans doute; mais le ton si doux, si douloureux, si plaintif de ce bruit fit tressaillir toute ma chair; puis rien, un silence infini allant de la terre aux étoiles; rien, pas un souffle, pas un frisson de l'eau ni une vibration du yacht; rien, puis tout à coup l'inconnaissable et si grêle gémissement recommença. Il me sembla, en l'entendant, qu'une lame ébréchée sciait mon cœur. Comme certains bruits, certaines notes, certaines voix nous déchirent, nous jettent en une seconde dans l'âme tout ce qu'elle peut contenir de douleur, d'affolement et d'angoisse. J'écoutais attendant, et je l'entendis encore, ce bruit qui semblait sorti de moi-même, arraché à mes nerfs, ou plutôt qui résonnait en moi comme un appel intime, profond et désolé! Oui, c'était une voix cruelle, une voix connue, attendue, et qui me désespérait. Il passait sur moi ce son faible et bizarre, comme un semeur d'épouvante et de délire, car il eut aussitôt la puissance d'éveiller l'affreuse détresse sommeillant toujours au fond du cœur de tous les vivants. Qu'était-ce? C'était la voix qui crie sans fin dans notre âme et qui nous reproche d'une façon continue, obscurément et douloureusement torturante, harcelante, inconnue, inapaisable, inoubliable, féroce, qui nous reproche tout ce que nous avons fait et en même temps tout ce que nous n'avons pas fait, la voix des vagues remords, des regrets sans retours, des jours finis, des femmes rencontrées qui nous auraient aimé peut-être, des choses disparues, des joies vaines, des espérances mortes; la voix de ce qui passe, de ce qui fuit, de ce qui trompe, de ce qui disparaît, de ce que nous n'avons pas atteint, de ce que nous n'atteindrons jamais, la maigre petite voix qui crie l'avortement de la vie, l'inutilité de l'effort, l'impuissance de l'esprit et la faiblesse de la chair.
Elle me disait dans ce court murmure, toujours recommençant, après les mornes silences de la nuit profonde, elle me disait tout ce que j'aurais aimé, tout ce que j'avais confusément désiré, attendu, rêvé, tout ce que j'aurais voulu voir, comprendre, savoir, goûter, tout ce que mon insatiable et pauvre et faible esprit avait effleuré d'un espoir inutile,

tout ce vers quoi il avait tenté de s'envoler, sans pouvoir briser la chaîne d'ignorance qui le tenait.

Ah! j'ai tout convoité sans jouir de rien. Il m'aurait fallu la vitalité d'une race entière, l'intelligence diverse éparpillée sur tous les êtres, toutes les facultés, toutes les forces, et mille existences en réserve, car je porte en moi tous les appétits et toutes les curiosités, et je suis réduit à tout regarder sans rien saisir.

Pourquoi donc cette souffrance de vivre alors que la plupart des hommes n'en éprouvent que la satisfaction? Pourquoi cette torture inconnue qui me ronge? Pourquoi ne pas connaître la réalité des plaisirs, des attentes et des jouissances?

C'est que je porte en moi cette seconde vue qui est en même temps la force et toute la misère des écrivains. J'écris parce que je comprends et je souffre de tout ce qui est, parce que je le connais trop et surtout parce que, sans le pouvoir goûter, je le regarde en moi-même, dans le miroir de ma pensée.

Qu'on ne nous envie pas, mais qu'on nous plaigne, car voici en quoi l'homme de lettres diffère de ses semblables.

En lui aucun sentiment simple n'existe plus. Tout ce qu'il voit, ses joies, ses plaisirs, ses souffrances, ses désespoirs deviennent instantanément des sujets d'observation. Il analyse malgré tout, malgré lui, sans fin, les cœurs, les visages, les gestes, les intonations. Sitôt qu'il a vu, quoi qu'il ait vu, il lui faut le pourquoi. Il n'a pas un élan, pas un cri, pas un baiser qui soient francs, pas une de ces actions instantanées qu'on fait parce qu'on doit le faire, sans savoir, sans réfléchir, sans comprendre, sans se rendre compte ensuite.

S'il souffre, il prend note de sa souffrance et la classe dans sa mémoire; il se dit, en revenant du cimetière où il a laissé celui ou celle qu'il aimait le plus au monde : « C'est singulier ce que j'ai ressenti; c'était comme une ivresse douloureuse, etc... » Et alors il se rappelle tous les détails, les attitudes des voisins, les gestes faux, les fausses douleurs, les faux visages, et mille petites choses insignifiantes, des observations artistiques, le signe de croix d'une vieille qui tenait un enfant par la main, un rayon de lumière dans une fenêtre, un chien qui traversa le convoi, l'effet de la voiture funèbre sous les grands ifs du cimetière, la tête du croquemort et la contraction des traits, l'effort des quatre hommes qui descendaient la bière dans la fosse, mille choses enfin qu'un brave homme souffrant de toute son âme, de tout son cœur, de toute sa force, n'aurait jamais remarquées.

Il a tout vu, tout retenu, tout noté, malgré lui, parce qu'il est avant tout un homme de lettres et qu'il a l'esprit construit de telle sorte que la répercussion, chez lui, est bien plus vive, plus naturelle, pour ainsi dire, que la première secousse, l'écho plus sonore que le son primitif.

Il semble avoir deux âmes, l'une qui note, explique, commente chaque sensation de sa voisine, l'âme naturelle, commune à tous les hommes; et il vit condamné à être toujours, en toute occasion, un reflet de lui-même et un reflet des autres, condamné à se regarder sentir, agir, aimer, penser, souffrir, et à ne jamais souffrir, penser, aimer, sentir comme tout le monde, bonnement, franchement, simplement, sans s'analyser soi-même après chaque joie et après chaque sanglot.

S'il cause, sa parole semble souvent médisante, uniquement parce que sa pensée est clairvoyante et qu'il désarticule tous les ressorts cachés des sentiments et des actions des autres.

S'il écrit, il ne peut s'abstenir de jeter en ses livres tout ce qu'il a vu, tout ce qu'il a compris, tout ce qu'il sait; et cela sans exception pour les parents, les amis, mettant à nu, avec une impartialité cruelle, les cœurs de ceux qu'il aime ou qu'il a aimés, exagérant même, pour grossir l'effet, uniquement préoccupé de son œuvre et nullement de ses affections.

Et s'il aime, s'il aime une femme, il la dissèque comme un cadavre dans un hôpital. Tout ce qu'elle dit, ce qu'elle fait est instantanément pesé dans cette délicate balance de l'observation qu'il porte en lui, et classé à sa valeur documentaire. Qu'elle se jette à son cou dans un élan irréfléchi, il jugera le mouvement en raison de son opportunité, de sa justesse, de sa puissance dramatique, et le condamnera tacitement s'il le sent faux ou mal fait.

Acteur et spectateur de lui-même et des autres, il n'est jamais acteur seulement comme les bonnes gens qui vivent sans malice. Tout, autour de lui, devient de verre, les cœurs, les actes, les intentions secrètes, et il souffre d'un mal étrange, d'une sorte de dédoublement de l'esprit, qui fait de lui un être effroyablement vibrant, machiné, compliqué et fatigant pour lui-même.

Sa sensibilité particulière et maladive le change en outre en écorché vif pour qui presque toutes les sensations sont devenues des douleurs.

Je me rappelle les jours noirs où mon cœur fut tellement déchiré par des choses aperçues une seconde, que les souvenirs de ces visions demeurent en moi comme des plaies.

Maupassant, *Sur l'eau.*

TABLE DES MATIÈRES

IMPRIMERIE HÉRISSEY. — 27000 - ÉVREUX.
Dépôt légal Juin 1974. — N° 31253. — N° de série Éditeur 11480.
IMPRIMÉ EN FRANCE *(Printed in France).* — 34 614 B-Février 1983.